Knaur

Gabi Schierz ▪ Gabi Vallenthin

LOW FETT 30
Für Kinder

Knaur

Gabi Schierz ■ Gabi Vallenthin

LOW FETT 30
Für Kinder

www.knaur.de

GO! 30 FETT max. 30% der Gesamtkalorien aus Fett

Inhalt

LOW FETT 30 für Kinder

Ärzte und Wissenschaftler schlagen Alarm: Das Übergewicht bei Kindern hat mittlerweile bedrohliche Ausmaße angenommen – und die Tendenz ist sprunghaft steigend. Jedes vierte Kind ist bereits bei der Einschulung zu dick, etwa 20 Prozent dieser Kinder sind adipös, haben also starkes Übergewicht. Besonders dramatisch ist das Auftreten von Diabetes Typ 2, der früher nur »Altersdiabetes« hieß, bereits bei Kindern. Der Grund für Diabetes Typ 2 ist Übergewicht und eine gestörte Funktion der Bauchspeicheldrüse, die durch falsche Ernährungsgewohnheiten – bei entsprechender Veranlagung – entsteht. Noch vor 20 Jahren kam der Diabetes Typ 2 nur in wenigen Ausnahmefällen bei Personen unter 40 Jahren vor. Heute sind Siebenjährige davon betroffen. Allein das reicht aus, um Alarm zu schlagen.

Vorbeugen ist besser als heilen

Der Werbeslogan, der für Zähne gilt, gilt für das ganze Kind. Und sollten Sie im Moment mit Ihrem ersten Kind schwanger sein, ist das bereits der richtige Zeitpunkt, um sich mit Ernährung auseinander zu setzen. Denn was Sie von Anfang an richtig machen, müssen Sie später nicht korrigieren. Geht Ihr Kind schon in den Kindergarten oder in die Schule und ist ein bisschen moppelig, könnte dieses Buch für Sie und Ihre gesamte Familie hilfreich sein.

Haben Sie sich dieses Buch gekauft, weil der Kinderarzt eine Ernährungsumstellung empfohlen hat, dann müssen Sie konsequent an die Umsetzung gehen. Aber nicht alleine für das Kind, sondern für die ganze Familie.
Wir haben auch ein Bonbon für Sie und Ihre Familie: LOW FETT 30 ist für jeden gesünder. Für Junge, für Alte, für Kinder, für Sie. Für Ihren Mann. Für Ihren dürren Großen genauso wie für den kleinen Pummel in der Familie.

Mein Kind ist nicht dick!

Obelix lässt grüßen – »Wer ist hier dick???«, Sie erinnern sich vielleicht. Im Rahmen der üblichen Schuluntersuchungen wurden Eltern befragt, wie sie das Gewicht ihrer Kinder einschätzen, und die Ergebnisse waren wenig ermutigend: Selbst Eltern stark adipöser Kinder stuften ihr Kind als normalgewichtig ein. Manche räumten Babyspeck ein – aber die Ergebnisse zeigen, dass Eltern gelegentlich überfordert sind, einen neutralen Standpunkt bei der Beurteilung ihrer Kinder einzunehmen.
Befreundete Eltern, Kindergärtnerinnen und Lehrer haben es schwer, mit vorsichtig formulierter Kritik durchzudringen. Warum sonst werden Kinder, die so aggressiv sind, dass andere Kinder sie nicht mitspielen lassen wollen, von ihren Eltern selbst als »lieb« beschrieben? Wie kann es sein, dass Kinder mit motorischen Störungen vom Vater au-

Müsli und frisches Obst – eine göttche Kombination!

genzwinkernd als »tollpatschig« klassifiziert werden, statt einen Bewegungstherapeuten aufzusuchen.

Wieso verteidigen Mütter ein verhaltensauffälliges Kind (ADS) damit, dass es »einfach unglaublich intelligent« ist und sich nur unterfordert fühlt? Es ist wichtig, dann und wann die rosarote Brille der elterlichen Liebe abzunehmen, damit ein Kind keinen dauerhaften physischen und psychischen Schaden davonträgt. Eine Kritik Dritter ist verständlicherweise nicht willkommen, aber wenn sich derartige Äußerungen über das eigene Kind häufen, sollte man zum Nutzen des Kindes reagieren, statt sich beleidigt zurückzuziehen!

Dicke Kinder … kranke Erwachsene

Übergewicht ist der Grundstein für eine ganze Palette von Erkrankungen: Herz- und Kreislauferkrankungen, Diabetes Typ 2 und eine Reihe von Krebserkrankungen, die durch Übergewicht begünstigt werden. Daneben wird natürlich auch das gesamte Knochengerüst, vor allem die Gelenke, durch Übergewicht – noch dazu in der Wachstumsphase – in Mitleidenschaft gezogen. Hat ein Kind ein zu hohes Gewicht, werden die Gelenke und Knochen nachhaltig in ihrer gesunden Entwicklung gestört.

Vermehrt gehen Wissenschaftler auch der Frage nach, in welcher Weise Übergewicht bei Kindern für den Hormonhaushalt eine Rolle spielt, ob dicke Kinder früher in die Pubertät kommen und ob der Überschuss an Hormonen vorzeitig das Längenwachstum beendet.

Das Problem hierbei ist jedoch einfach, dass individuelle Untersuchungen nicht zu bezahlen wären – und dass es keine Richtwerte gibt. Diese müssten über Reihenuntersuchungen mit großen Fallzahlen ermittelt werden – ein Aufwand, der vielleicht aus wissenschaftlichem Interesse gerechtfertigt ist, aber Eltern zum jetzigen Zeitpunkt nicht weiterbringt. Für Sie ist es wichtig, Ihr Kind gesund, fit und mit Normalgewicht groß zu kriegen. Dabei wollen wir Ihnen helfen.

Psychische Folgen von Übergewicht

Kinder nehmen ihre Körperformen erst einmal ohne Wertung hin. Wenn sie dicker sind

Häufige Verhaltensmuster bei »typisch dicken Kindern«

- Rückzug: Das Kind liest viel, sitzt viel vor dem Computer, träumt vor sich hin, ist verschmust und meist sehr angepasst. Das geht so weit, dass es auf Ansprache und auf Aufforderungen mit Verzögerungen reagiert, phlegmatisch sowie körperlich und seelisch langsam wird.
- Angriff: Das Kind wird zum Anführer, Rädelsführer und versucht sich bei den Erwachsenen mit Nachdruck in den Vordergrund zu drängen. Es ist lauter als andere, fordernder und oft genug regelrecht lästig. Jungen mit diesem »Lösungsansatz« neigen zu aggressivem Spiel- und Sozialverhalten und werden in funktionalen Kindergruppen über kurz oder lang von den Spielkameraden, den Betreuern sowie den Eltern der anderen Kinder ausgegrenzt.
- Beide Entwicklungen sollten so früh wie möglich erkannt und mit Unterstützung eines Familientherapeuten korrigiert werden. Aufgabe wird es sein, das Selbstwertgefühl des Kindes nachhaltig zu stärken und zudem das Übergewicht zu reduzieren, ohne Letzteres dauerhaft zu thematisieren.

als andere, sind sie eben dicker, wenn sie dünner sind, dünner. Ausschlaggebend für die Bewertung, die von »dicker« auf »zu dick« umschlägt oder von »dünner« auf »zu dünn«, ist das soziale Umfeld.

Mit den Jahren formt sich das Selbstbild eines Kindes. Zusammen mit der Bewertung seines Charakters und seines Aussehens durch das Umfeld des Kindes entsteht das Selbst-Wert-Gefühl. Hat das Kind ältere Geschwister oder Eltern, die früh das (Über-) Gewicht des Kindes kommentieren und bewerten, wird zu einem sehr frühen Zeitpunkt der Grundstein für eine Störung des Selbstwertgefühles gelegt. Als wenn man ein Gewicht in eine Waagschale wirft, als ob man bei einem Mobile ein schweres Stück anhängen würde, entsteht ein Ungleichgewicht, das das Kind durch sein Verhalten auszugleichen sucht.

An dieser Aufgabe, das Gewicht des Kindes zu reduzieren, ohne ihm wie eine Gebetsmühle die Vorteile gesunden Essens und die Nachteile seiner Vorlieben vorzuhalten, scheitern die meisten. Für die Eltern ergibt sich eine Quadratur des Kreises: Je früher ein Kind Normalgewicht hat, umso besser ist das für seine Gesundheit. Wie aber ein Kind zum Abnehmen bewegen, ohne das Gewicht zu thematisieren? Keine Sorge: Das LOW FETT 30-Konzept kann dieses Problem lösen.

»Wenn ich was von Deinem Pausenbrot kriege, darfst Du Dir was von meinem aussuchen.«

Die Baustoffe unserer Nahrung

Unsere Nahrung besteht aus Proteinen (Eiweiß), Kohlenhydraten und Fetten als Nahrungsbausteinen und aus Wasser. Auch wenn sich die Anteile von Nahrungsmittel zu Nahrungsmittel stark unterscheiden, enthält alles, was wir essen, einen oder mehrere dieser Bausteine.

Die Funktion von Fett

Fett ist vor allem als Energiespeicher für schlechte Zeiten gedacht, als Wärmeisolierung und als Schutz für einige Organe. Die Funktion als Energiespeicher ist – zumindest in unserer Zivilisation und zum jetzigen Zeitpunkt – ziemlich überflüssig. Essen ist wirklich jederzeit und überall verfügbar.

Wir benötigen das Fett nicht mehr in dem Maße als Vorratskammer, wie das noch vor einem halben Jahrhundert der Fall war. Unsere Vorfahren überbrückten mit Depotfett schlechte Versorgungssituationen und mussten körperlich hart arbeiten, wobei sie auf diese Weise ihre Pölsterchen wieder los wurden.

Dagegen müssen wir uns aus unserer Normalversorgung ausklinken, uns mehr bewegen und eine künstliche Mangelsituation herstellen, um vorhandenes Fett aus den Depots zu holen – in aller Regel nennen wir das dann »Diät«. Sobald die aber beendet ist, lassen wir uns auf das Sofa fallen, fahren wieder jede Strecke mit dem Auto und füllen nach Lust und Laune unseren Magen. Zwangsläufig füllen sich damit auch die Depots, und der vorherige Zustand ist schnell wieder erreicht – der so genannte Jojo-Effekt. Besser und vor allem für alle Familienmitglieder viel gesünder ist es, die Ernährung dauerhaft auf LOW FETT 30 umzustellen und für mehr Bewegung zu sorgen.

Die ständige Verfügbarkeit von Essen verleitet uns häufig dazu, zu essen, weil wir Lust auf Essen haben, nicht aber, weil wir hungrig sind. Da Essen den meisten Menschen Spaß macht und noch dazu überall angeboten wird, bei jeder Einladung, an Kiosken und Tankstellen, in Restaurants, Eisdielen, Cafés und Imbissbuden, essen wir weit über unseren Bedarf – wenn wir uns nicht bewusst zügeln. Hinzu kommt, dass Mahlzeiten immer unregelmäßiger eingenommen werden: Es wird gegessen, wenn wir dazu verleitet werden – selten, weil wir wirklich Hunger haben.

Die Folge: Wir essen ständig, unsere Depots werden pausenlos und meist über den Bedarf hinaus gefüllt, und wir werden immer dicker. Unsere Kinder werden immer dicker. Selbst Bello und Miezi – sie fressen nämlich auch aus Langeweile und Frust, was immer sie kriegen können, und kommen viel zu wenig raus.

Besonders fettreiche Nahrungsmittel

Butter, Öl, Schmand, Sahne, Margarine, Nüsse, Ölsaaten (Leinsamen, Sonnenblumenkerne …), Speckränder (an Fleisch und Schinken), Käse, Wurst (von Fleischwurst über Brühwürstchen bis hin zur Bratwurst oder Cervelatwurst) und alle Produkte, die daraus gemacht sind.

Versteckte Fette

Häufig können Sie einem Nahrungsmittel überhaupt nicht ansehen, ob es viel Fett hat oder nicht. Deswegen ist es entscheidend, dass Sie sich an den Nährwertangaben orientieren – was auch in Deutschland über kurz oder lang Pflicht wird. Setzen Sie die Werte in unsere Formel ein bzw. orientieren Sie sich an unserem Gütesiegel oder unseren Lebensmittellisten. Weder eine »gesund« designte Verpackung noch ein besonders »gesunder Name« oder eine besonders »leichte« Werbung sind Garanten für fettarme Gerichte.

Nicht einmal Bezeichnungen wie »vegetarisch« oder »bio« sind Freifahrtscheine. Es gibt jede Menge vegetarischer Produkte, die viel zu fett sind. Sie enthalten einfach nur kein Fleisch, das ist aber auch schon alles. »Bio« ist absolut sinnvoll – aber Bio-Käse, Bio-Kuchen oder Bio-Fleisch ist genauso fetthaltig wie normaler Käse oder normaler Kuchen. Oft genug ist Bio-Kuchen noch fetter wegen des hohen Anteils an Nüssen! Der Unterschied liegt nur in der kontrollierten Gewinnung, der biologischen Aufzucht bzw. Herstellung.

Nicht einmal auf die allseits beliebten Körnerbrötchen ist Verlass: Das sind nämlich in aller Regel keine Körner (= Getreide), sondern vielmehr Saaten – also Öllieferanten wie Sesam, Kürbis, Leinsamen oder Sonnenblumenkerne, die einzeln auf der Kruste kleben. Wenn Sie bei Brot ganz sichergehen wollen, backen Sie es mit grob gemahlenem vollwertigen Getreide selbst, z.B. in einem Brotbackautomaten, oder kaufen Sie es im Bioladen. Aber bitte ohne Kerne – denn die liefern unnötig viel Fett.

»Der Kartoffelsalat ist sooo lecker, der ist für mich!«

Fett ist nicht gleich Fett

Während man bei tierischen Fetten, also Sahne, Schmand, Käse, Fett im und am Fleisch, ruhig den Hahn zudrehen darf, ist die Versorgung unseres Körpers mit pflanzlichen Fetten essenziell, das heißt: lebensnotwendig. Besonders gut sind kalt gepresste Öle (immer nur kleine Mengen kaufen, damit sie nicht ranzig werden), Samen und das Fett von Seefisch, wegen der Omega-3- und 6-Fettsäuren. Für die Versorgung von

Merke

Der braune Teig beim normalen Körnerbrötchen wird heute meist durch die Zugabe von Farbstoffen oder Melasse dunkel und nur selten, weil da irgendetwas Vollwertiges drin ist!

»Was die Großen essen können, kann ich auch.«

Nahrungsmittel mit vielen Kohlenhydraten

Zucker, Honig, Mehl, Reis, Nudeln, Gemüse, Obst und alles, was daraus hergestellt wird.

Nahrungsmittel mit vielen Ballaststoffen

Vollwertbrot, Vollwertreis, Vollwertnudeln, Obst, Gemüse, Müslis …

Kindern mit guten Fetten reicht das hochwertige Öl im Salat, 1 oder 2 gehäufte Esslöffel unbehandelte Nüsse, Mandeln, Walnüsse, Sonnenblumenkerne pro Tag – entweder mischen oder abwechseln – sowie zwei bis drei Mal in der Woche fetterer Seefisch wie Makrele, Hering oder Lachs.

Vielfältige Kohlenhydrate

Der einzelne Glukose-Baustein ist der Grundbaustein aller Kohlenhydrate. Je nach Länge der einzelnen Molekularketten unterscheidet man in Zucker (Zucker, Honig …), Stärke (in Getreide, Mehl …) und Ballaststoffe. Letztere werden auch »komplexe Kohlenhydrate« genannt, weil ihre Molekularstruktur so verschachtelt ist, dass wir Menschen sie nicht knacken können. Ballaststoffe sind dennoch für unseren Organismus ausgesprochen gesund und sollten zu einem möglichst hohen Anteil in unserer Nahrung vorkommen.

Je kürzer diese Bausteinketten, umso schneller kann der Organismus den Zucker als Energielieferant nutzen. Das ist so, als ob Sie von einem Maßband alle Zentimeterstückchen abschneiden sollten: Je kürzer das Band, umso schneller wären Sie fertig.

Ballaststoffe entlasten die Bauchspeicheldrüse

Sinkt der Blutzuckerspiegel unter einen Grenzwert, bekommen wir Hunger – vergleichbar mit Ihrer Benzinuhr im Auto. Tanken ist angesagt. Wenn Sie wieder nachfüllen bzw. auftanken, verschwindet der Hunger. Als Regulativ, damit der Körper nicht vor Zucker explodiert, wenn wir kohlenhydratreich essen, kommt die Bauchspeicheldrüse ins Spiel. Sie beginnt Insulin auszuschütten, sobald sich der Blutzuckerspiegel durch die Verdauung der Nahrung erhöht.

Je schneller der Zucker aus der Nahrung gelöst werden kann (z. B., weil die Kette der einzelnen Zuckerbausteine so kurz ist – wie beim Zucker, beim Honig, bei der Melasse oder beim Sirup), umso hektischer wird die Bauchspeicheldrüse, einen Zucker-Super-Gau zu verhindern. Je mehr langkettige Koh-

lenhydrate in Form von Vollwertbrot, Vollwertnudeln, Gemüse und ballaststoffreichem Obst wir zu uns nehmen, umso sanfter ist die Insulinausschüttung.
Abgesehen von dem Stress für den Körper – Zucker rein, Bauchspeicheldrüse im Stress, Insulin ausschütten, Zucker runterdrücken… und als Folge davon schnell wieder Hunger kriegen – sind ballaststoffreiche Nahrungsmittel auch für die Pflege des Darmes wichtig, Schlacken werden so regelrecht rausgekratzt. Und da die Ballaststoffe zusammen mit Wasser quellen, füllen sie auf angenehme Weise den Bauch, ohne dabei Kalorien zu liefern.

Wichtig

Vermeiden Sie eine Dauerbefeuerung des Organismus mit Essen – die Bauchspeicheldrüse braucht auch einmal Ruhe! Eine Studie in den USA hat ergeben, dass drei Mahlzeiten am Tag für die Figur besser sind als fünf Mahlzeiten. Bei Kindern gilt das nur mit Einschränkung. Sie sollten eher darauf achten, dass sie nicht pausenlos essen oder etwas Kalorienhaltiges trinken – Wasser ist dagegen immer gut.

Proteine in nicht zu hoher Menge

Der dritte Nahrungsgrundbaustein dient unserem Körper für die Erneuerung von Zellen. Wir benötigen Proteine für alle Körperflüssigkeiten (Blut, Lymphe…) und für den Aufbau und die Erneuerung aller Zellen. Man unterscheidet Proteine aufgrund ihrer Herkunft in tierisches und pflanzliches Eiweiß. Beides sollte in unserer Nahrung vorhanden sein. Auch innerhalb dieser Untergruppierung ist eine weitere Unterscheidung üblich in Milcheiweiß, Tiereiweiß, Eier-Eiweiß, Fischeiweiß…
Nur 15 Prozent der täglich zugeführten Energie sollen aus Eiweiß kommen, und diese dann auch noch möglichst ausgewogen aus pflanzlichen und tierischen Eiweißquellen. Angesichts dieser eher geringen Mengenvorgabe – noch dazu aufgeteilt auf verschiedene Eiweißquellen – sollte man auch den starken Konsum von Milchprodukten kritisch überdenken.

Nicht nur Kalzium beugt Osteoporose vor

Milch hat zwar von allen Lebensmitteln das meiste Kalzium, ein guter Lieferant von Kalzium sind aber auch Kalzium-Kautabletten für Kinder – sie schmecken ein bisschen nach Kakao. Diese versorgen Kinder mit ausreichend Kalzium für Knochen und Zähne. Durch zu hohe Mengen einzelner Eiweißarten kann sich dagegen der Eiweißstoffwechsel ungünstig verschieben.
Das Kalzium in der Milch ist wichtig für den Knochenaufbau – aber die Kautabletten sind ein hervorragender und vor allem kalorienarmer Ersatz. Bewegung dagegen ist durch nichts zu ersetzen: Regelmäßige Bewegung beugt Osteoporose ebenso nachhaltig vor wie genügend Vitamin D. Die Bildung von Vitamin D wird durch Sonnenlicht angeregt. Viel Bewegung an der frischen Luft ist also neben Kalzium das wichtigste Instrument, um das Knochenwachstum zu unterstützen.

Lieferanten für Eiweiß

Tierisches Eiweiß: Fisch, Meeresfrüchte, Fleisch von allen Tierarten, Milchprodukte.
Pflanzliches Eiweiß: Soja, Hülsenfrüchte, Kartoffeln und Getreide, allen voran der Amaranth, das Azteken-Korn.

Was ist LOW FETT 30?

GO! 30 FETT
max. 30% der Gesamtkalorien aus Fett

Das Prinzip »LOW FETT 30« bedeutet, dass maximal 30 Prozent der täglich zugeführten Energie (Kalorien) aus Fett stammen sollen. Dies ist eine von zehn Grundsatzempfehlungen der Deutschen Gesellschaft für Ernährung.

Fett – viel Kalorien, kaum Volumen

1 Gramm Fett liefert 9 Kilokalorien (kcal), 1 Gramm Kohlenhydrate oder Eiweiß haben jeweils 4 Kilokalorien. Das heißt: Fett hat mehr als doppelt so viele Kalorien wie Eiweiß oder Kohlenhydrate. Da der Anteil der Kalorien aus Fett entscheidend ist, nicht der Fettanteil (Prozent Fett absolut, Prozent Fett in Trockenmasse), ist es nötig, den Anteil der Kalorien aus Fett zu errechnen.

Das ist die Fettformel, die wir benötigen

$$\frac{\text{Gramm Fett} \times 9\ \text{kcal} \times 100}{\text{Gesamtkalorien}} = \text{\% der kcal aus Fett (Fettkalorien)}$$

Hinzu kommt, dass Fettmoleküle wenig Volumen mitbringen. Fettzellen haben viel Brennwert bei geringer Masse. Das liegt daran, dass Fett als Speichermasse gedacht ist. Hätte Fett den gleichen Brennwert und das gleiche Volumen wie Kohlenhydrate, würden wir etwa die vierfache Menge an Speckrollen mit uns herumtragen.

Einkaufen nach LOW FETT 30

Alle unsere LOW FETT 30-Rezepte sind so ausgetüftelt, dass die 30-Prozent-Schallmauer nicht überschritten wird. Um auch ohne Rezepte handlungsfähig zu sein, kochen wir nicht nur nach dieser Formel, wir kaufen auch danach ein. Hierzu finden Sie Nährwerttabellen im Anhang aller unserer Bücher sowie eine eigene Nährwerttabelle (LOW FETT 30-Ampel) mit über 5000 Lebensmitteln des täglichen Bedarfs.

Unser Ziel ist es, das Einkaufen noch weiter zu vereinfachen, indem wir Lebensmittel gut sichtbar mit unserem Gütesiegel (siehe Logo links) kennzeichnen wollen. Einige Industrieunternehmen machen das bereits, um Ihnen als Verbraucher die Möglichkeit zu geben, sich beim Einkaufen schnell zu orientieren. Auch unsere Kooperationen mit Lebensmittelhändlern kommen Ihnen als Verbraucher zugute. Grüne Etiketten bzw. direkte Auszeichnungen mit dem Gütesiegel erleichtern das Einkaufen. Fragen Sie bei diesen Händlern auch nach entsprechenden Veranstaltungen und Seminaren.

Der Vorteil einer konsequenten Umstellung der Einkaufsgewohnheiten bedarf keiner großen Erklärung. Denn wenn Sie bereits ausschließlich Nahrungsmittel im Haus haben, die unter 30 Prozent der Kalorien aus Fett liegen, ist es nahezu unmöglich, sich zu Hause fettreich zu ernähren. Die Folge: Die Fettdepots bekommen kein weiteres Futter, und Fett wird zusätzlich aus den Depots abgebaut, sobald der Körper mehr Energie benötigt.

Satt essen erlaubt

Entscheidend ist, dass jedes Gericht, jeder Bissen, den Sie im Verlauf eines Tages in den Mund nehmen, die 30 Prozent nicht überschreitet. Dann können Sie sich an dem jeweiligen Gericht oder Produkt satt essen, ohne zu hungern.

Natürlich ist letztlich der Gesamtbrennwert pro Tag maßgebend. Sie sparen bei einer Gesamtkalorienzufuhr von bislang 2 000 Kilokalorien rund 350 Kalorien täglich ein, wenn Sie den Anteil der Kalorien aus Fett Ihrer heutigen Ernährung von teilweise bis zu 55 Prozent (bundesdeutscher Durchschnitt) auf 30 Prozent und weniger drücken. Und das, ohne dass es sich auf die Portionsgröße oder den Geschmack auswirkt.

Die Gerichte schmecken weniger fettig, vielleicht sagen Sie auch weniger sahnig, dafür schmecken sie aber nach den Zutaten, aus denen sie gemacht sind. Bohnen, Erbsen, Möhren und Kartoffeln behalten ihren Eigengeschmack. Nudeln schmecken typisch nach Nudeln, nicht nach Öl, Reis schmeckt nach Reis, nicht nach der Butter, in der er häufig geschwenkt wird. Bei einem Brötchen mit Marmelade schmeckt man das Brötchen und die Marmelade – nicht die Butterschicht dazwischen. Ihre Geschmacksknospen, die heute vielleicht noch von einem Fettfilm überzogen sind, werden frei und können Ihnen wirkliche Geschmackserlebnisse liefern, nicht nur den Geschmack von Butter, Öl und Speck.

Selbst wenn Sie mit Ihren Kindern gerne Pizza essen oder Ihre Kinder richtige Naschkatzen sind, werden Sie immer Alternativen finden: LOW FETT 30-Pizzen, LOW FETT 30-Süßigkeiten, Kuchen, Kekse ... lassen Sie sich überraschen.

Das optimale Outfit für Spaghetti bolognese: rot gemusterte Shirts.

Essen ohne Einschränkungen

Erstaunlich ist, dass Kindern das fettarme Essen meist viel besser schmeckt. Viele Kinder vermeiden instinktiv besonders fettrei-

Eine frische Melone schmeckt zehnmal besser als Sahnetorten.

che Gerichte. Erst durch das Vorbild ihrer Umgebung lernen sie die »Vorzüge« von Sahnetorte gegenüber Obstkuchen zu schätzen, die von fettem Eis gegenüber Wassereis, die von Nougat gegenüber Gummibärchen. Kaum ein Kind mag Pralinen, aber alle lieben Lollies. Nur wenige Kinder mögen Fettränder am Fleisch und am Schinken, sie bevorzugen feine Bratwurst gegenüber grober (wegen der Fettstücke!), sie mögen häufig keinen Käse, keine Sahne und ziehen Spaghetti mit reiner Tomatensauce der Käse-Sahne-Sauce vor. Aber die Erwachsenen leben den Kindern die falsche Ernährung vor: Sie panieren, sie überbacken, sie streichen dick Butter auf das Brot ... und die Kinder machen es irgendwann einfach nach. Aber diese Tatsache kann man durchaus zum Vorteil der Kinder nutzen.

Sie sind das Maß aller Dinge

Zumindest für Ihre Kinder. Was Sie essen, werden Ihre Kinder essen. Wie Sie essen, werden Ihre Kinder essen. Wie und was Sie trinken, sie werden es nachmachen.

Und wenn Sie lieber auf dem Sofa faulenzen, werden auch Ihre Kinder lieber zu Hause rumliegen, als sich draußen zu bewegen. Sie sind das Vorbild Ihrer Kinder.

Das ist eigentlich auch ganz klug eingefädelt von Mutter Natur. Wie so viele andere Dinge auch. Kinder lernen vom Vorbild ihrer Eltern. In der Steinzeit bewahrte diese Nachahmung die Kinder davor, giftige Beeren und Pilze zu essen und vorsichtig mit wilden Tieren umzugehen. Das Kind erlernte von der Mutter die Regeln der Stammesgemeinschaft und wurde so akzeptiert. Heute sorgt das unveränderte Nachahmungsverhalten dafür, was Ihr Kind wie isst, wie viel es sich bewegt und wie es auf andere Menschen zugeht. Es gibt so viele Dinge, die Erwachsene ihren Kindern – bewusst, doch meist viel häufiger unbewusst – vorleben, dass man sich fragen muss, warum es immer noch keinen »Führerschein« für Eltern gibt.

Es ist ein ungeheurer Kraftakt, Ihr Kind dazu zu bringen, Dinge zu tun, die Sie nicht tun. Wenn Sie kein Obst essen, werden Ihre Kinder sicher nicht zu Obstessern – außer,

Die drei Regeln von LOW FETT 30

Für alle wird das Leben rundherum leichter, wenn sie die drei Regeln von LOW FETT 30 beherzigen.

1. **Essen, wenn man Hunger hat.**
   Nicht aus Langeweile, nicht als Trost, nicht aus Trotz, nicht aus Geselligkeit, nicht, weil man gerade an der Frittenbude vorbeikommt… sondern wenn man Hunger hat. Dann aber auch wirklich essen und nicht nur an einer Möhre nagen. Essen darf schmecken. Es muss schmecken, sonst machen Kinder auch nicht mit!
2. **Aufhören, wenn man satt ist.**
   Nicht voll stopfen, bis buchstäblich nichts mehr reingeht, sondern auf das innere Gefühl für »satt« achten. Das bedeutet im Hinblick auf Ihre Kinder auch, dass Sie deren Gefühl für »satt« respektieren und sie nicht zum Essen animieren. Natürlich gehört dazu auch, dass Sie ihnen erst beibringen, den Teller nicht voll zu laden, bis nichts mehr darauf passt!
3. **Alles, was Sie und Ihre Kinder in den Mund schieben, soll LOW FETT 30 sein.**
   Jedes Gericht, jedes Pausenbrot, jede Süßigkeit, jedes Eis, jede Portion Pommes frites, jede Pizza… Das erfordert gerade am Anfang mehr Aufmerksamkeit von Ihrer Seite, aber die Belohnung sind gesunde, muntere, aktive und glückliche Kinder!

ein anderes Familienmitglied macht es vor. Wenn kein Fisch auf den Tisch kommt, wie sollen die Kinder Fisch lieben lernen? Wenn Sie lieber Cola trinken als Wasser, woher soll Ihr Kind denn dann lernen, dass Wasser das natürlichste Getränk der Welt ist?

Spielen die Kalorien eine Rolle?

Natürlich tun sie das. Wenn Sie mehr essen, als Sie benötigen, werden Sie die überschüssige Energie in Form von Fett einlagern. Wenn Sie sich aber an die drei Regeln oben halten, passiert Folgendes: Sie reagieren auf Ihren Körper, wenn der nicht mehr genügend Brennstoff hat. Das ist wichtig und notwendig. Und Sie essen, bis Sie satt sind. Wenn alles deutlich weniger Fett hat als bisher und Sie zudem auf das Naschen und Knuspern verzichten, werden Sie zwangsläufig weniger Kalorien zu sich nehmen.
Sie könnten natürlich auch einem Kalorienfahrplan folgen. Falls Sie das möchten, errechnen Sie bitte auf unserer Internetseite erst einmal Ihren Grundumsatz.
Wenn Sie sich jedoch an die drei Regeln halten – die zugegebenermaßen nicht einfach sind –, reduzieren Sie automatisch Ihre Kalorienzufuhr. Das funktioniert natürlich nur, wenn Sie auch bei LOW FETT 30-Süßigkeiten nicht völlig über die Stränge hauen! Wer anfängt, im Rahmen von LOW FETT 30 zwei, drei Tüten LOW FETT 30-Süßigkeiten extra zu verdrücken, wird sicherlich nicht abnehmen.

Warum LOW FETT 30 für Kinder?

In dem Moment, wo ihr Kind anfängt, feste Nahrung zu sich zu nehmen, können Sie mit einer kindgerechten Variante von LOW FETT 30 beginnen. Auch später ist es immer möglich, ein Kind auf eine LOW FETT 30-Ernährung umzustellen. Lediglich der Grad der Eigenverantwortung variiert.

Ein großes Plus für gesunde Ernährung: Selber kochen!

Die meisten Fertigprodukte enthalten Zusatzstoffe, die zwar von Amts wegen erlaubt sind, über deren langfristige Auswirkungen wir aber nichts wissen. Mit dem Anstieg der Fertigprodukte und dem vermehrten Verpflegungsangebot auf unseren Straßen stieg auch das Übergewicht. Es ist durchaus möglich, dass Emulgatoren, Geschmacksverstärker, Farbstoffe, Gerinnungsmittel, Verdickungsmittel ... am Übergewicht (mit) schuld sind. Denn dass sie »erlaubt« sind, ist ja kein Freibrief.

Immer wieder bringen Wissenschaftler bestimmte Erkrankungen, z. B. Parkinson, Alzheimer, aber auch Verhaltensauffälligkeiten wie Hyperaktivität mit den Zusatzstoffen in unserer Nahrung in Verbindung. Wenn Sie also ganz sichergehen wollen, dann kochen Sie für Ihre Kinder überwiegend ohne Fertiggerichte, »fix-Produkte« und Fertigwürzen. Sie müssen ja nicht völlig auf diese praktischen Helfer verzichten, aber es muss auch nicht sein, einem Kind jeden Tag ausschließlich Fertigfutter vorzusetzen.

Falls Sie einen guten Kompromiss eingehen wollen, dann sehen Sie sich doch einmal im Bioladen oder in den Bioabteilungen der Supermärkte nach Fertigprodukten um: Die sind auch bequem, enthalten aber nicht diese Mengen an Zusatzstoffen, zudem sind sie frei von Farbstoffen und Geschmacksverstärkern. Oder Sie entscheiden sich für Tiefkühlprodukte: Viele Hersteller von Tiefkühlprodukten kommen ohne Zusatzstoffe aus, z. B. bofrost, Frosta. Falls Sie es ganz genau wissen wollen, dann schreiben Sie an die Verbraucherberatungen der Unternehmen und fragen Sie bei Ihren Herstellern nach.

Richtig gegessen wird zu den Hauptmahlzeiten

Würde man einem Erwachsenen ständig etwas zu essen anbieten, noch dazu verschiedene Dinge zur Auswahl, würde er vieles davon ohne die Spur von Hunger essen. Bei einem Kind ist das nicht anders. Bekommt es etwas angeboten und das Angebotene ist attraktiv genug, wird es das essen, auch ohne Hunger. Hat es die Wahl zwischen einem Bonbon, einem Stückchen Kuchen, einem Zwieback, einem Eis, es wird sich immer für seinen persönlichen Favoriten entscheiden und später eine andere der bereits angebotenen Optionen mit Nachdruck einfordern.

Wichtig

Die Menge an Zusatzstoffen in der Nahrung (und ihre Unbedenklichkeit) wird pro Kilogramm Körpergewicht anhand von Erwachsenen bemessen. Eine 80-Kilo-Person bekommt bei einer Portion Fertiggericht aber die gleiche Menge dieser Zusatzstoffe ab wie ein Kind mit 12 Kilogramm. Nur dass sich diese Menge auf lediglich 12 Kilo verteilt und nicht auf 80!

Entscheidend ist es, frühzeitig feste Essenszeiten mit Optionen einzurichten und einzuhalten. Für den Hunger zwischendurch, bei besonders aktiven Kindern, gibt es Pausenbrote. Sollte das immer noch nicht reichen, weil das Kind bereits an ständiges Futtern gewöhnt ist, gilt es, die sonstigen Zwischenmahlzeiten so unattraktiv wie möglich zu halten. Kinder sollten drei vernünftige Mahlzeiten pro Tag – Frühstück, Mittagessen, Abendessen – bekommen, ergänzend Pausenbrote für Kindergarten oder Schule bzw. zwei kleine Pausenbrote für die erste und die zweite Pause und noch etwas Obst dazu. Am Nachmittag empfiehlt sich ein weiteres Pausenbrot plus Obst, damit es genügend Power hat zum Spielen.

Wenn Kinder bei den drei Hauptmahlzeiten vernünftig essen – ohne sich zu überfressen – und dazu noch dazwischen ein vernünftiges Pausenbrot erhalten, kommen sie fit und munter durch den Tag. Vor Wachstumsschüben und an Nachmittagen mit viel Bewegung kann es auch mal mehr Hunger haben – aber behalten Sie die zusätzlichen Rationen scharf im Auge! Das gilt nur eingeschränkt für die Kinder, die schon um 13 Uhr Mittag essen und erst um 19 Uhr ihr Abendessen bekommen. In diesen Fällen braucht ein Kind natürlich mehr Energie, um so viele aktive Stunden zu überbrücken.

Zwieback für die Knabbereinheiten

Es gibt Kinder, die haben ständig irgendetwas im Mund, kauen auf einem Keks, trinken Limonade... Auch dieses Verhalten wird von den Eltern frühzeitig geprägt. Viele Mütter meinen offenbar, dass ein Kleinkind verhungert, wenn es nicht ständig an einem Keks knabbern kann, oder verdurstet, wenn es nicht immer die Flasche griffbereit hat.

Dabei darf ein Kind ruhig einmal Hunger haben. Es wird sich schon melden. Bieten Sie dem Kind, wenn es sich außerhalb des Essensfahrplans mit Hunger meldet, einen Zwieback (noch besser einen Mini-Zwieback) an und gestatten Sie hier keine Variationsmöglichkeiten. Wenn Ihr Kind Hunger hat, macht ein Zwieback wunderbar satt.

Er hat wenig Kalorien, er hat Ballaststoffe, er schmeckt. Mag das Kind den Zwieback nicht, hat es auch einfach nicht genug Hunger!

Hunger – bei Zwieback dürfen Kinder ungeniert zugreifen.

Wichtig

Machen Sie das Pausenbrot selbst und sorgen Sie für Abwechslung. Kreieren Sie »hübsche« Pausenbrote – geben Sie dem Kind noch geschnittenes Obst oder Gemüse mit. Legen Sie ihm auch eine Mini-Tüte Süßigkeiten dazu, damit es sein Taschengeld nicht ständig in Süßes investiert. Geben Sie einem zu Übergewicht neigenden Kind niemals Geld für die Pause mit: Es würde dieses Geld immer für Cola, Schokoriegel und Pommes frites ausgeben.

Tipp
Sogar normales Wasser lässt sich mit Eiswüfeln und ein paar Himbeeren darin optisch toll aufpeppen. Das natürlichste Getränk der Welt ist und bleibt Wasser. Leben Sie es Ihren Kindern einfach vor!

Falls sich Ihr Kind ohne Ihr Wissen am Kühlschrank und in der Vorratskammer bedient, um dann bei den Mahlzeiten den Hungerkünstler zu spielen, schieben Sie dem umgehend einen Riegel vor. Wenn es sein muss, sogar wortwörtlich! Sperren Sie die Küche, den Süßigkeiten-Schrank ab und kontrollieren Sie von Zeit zu Zeit sein Zimmer auf versteckte Vorräte. Feste Essenszeiten und klare Regeln sind unumgänglich!

Das Essen rechtzeitig portionieren

Es gibt Kinder, die schaufeln sich Riesenmengen auf den Teller und essen diese, ratzfatz, einfach auf. Ist das bei Ihrem Kind der Fall, sollten Sie gezielt gegensteuern und ihm zeigen, dass es netter ist, wenn es mehrere Male hintereinander nimmt – wenn es denn sein muss. Viel schwieriger ist es bei fertigen Portionen in Restaurants oder, noch schlechter, bei Currywurstbuden, dem Pizzalieferservice oder portionierten Fertiggerichten.
Achten Sie unbedingt darauf, dass Ihr Kind eine für sein Alter passende Portion bekommt bzw. teilen Sie vor (!) dem Essen ein Stück ab. Ein Kind während des Essens zu stoppen, ihm womöglich den noch halb vollen Teller wegzunehmen, ist nicht nur viel schwieriger, es würde zu schnellerem Essen verleiten und frühzeitig für Ess-Störungen sorgen.

Hunger … oder Durst?

Wenn sich Ihr Kind häufiger mit »Mama, ich hab Hunger« meldet, geben Sie ihm immer erst etwas zu trinken. Viele Kinder können Hunger bzw. Durst gar nicht richtig unterscheiden – trinken zu wenig und essen zu viel.
Probieren Sie es also erst einmal mit einem Glas Apfelsaftschorle – und wenn es kurz danach wieder mit Hunger kommt, können Sie ihm ja etwas Obst oder ein kleines Brot geben. Da die meisten Kinder sowieso viel zu wenig trinken, machen Sie mit dieser Vorgehensweise in aller Regel nichts falsch! Direktsäfte (das sind die Säfte, die es in der Kühlung gibt – aber passen Sie auf, dass Sie auch reinen Saft erwischen und nicht Saft-Zucker-Mischungen!) werden kaum erhitzt

Bild rechts: Selbst gemachte Saftcocktails schmecken immer noch am besten.

und sind so naturbelassen wie möglich, sprich, wie es der Gesetzgeber erlaubt. Sie werden auch meist viel besser vertragen als haltbar gemachte Säfte.

Doch behalten Sie ebenfalls die Mengen im Blick: Kinder trinken in Windeseile 1 Liter Saft. Das sind fast 500 Kalorien Brennwert – zwar ohne Fett, aber dennoch 500 Kalorien, die zwar erst einmal satt machen, aber wegen der fehlenden Ballaststoffe nicht lange vorhalten. Besser ist es, einem Kind ein Mal am Tag einen Saft-Cocktail zuzubereiten – mit Früchten als Deko, mit dicken Strohhalmen, mit Eiswürfeln oder zerstoßenem Eis. Sorgen Sie dafür, dass das Kind diesen Saft im Sitzen genießt – im Idealfall verbunden mit ein paar Schmuseeinheiten extra.

Achten Sie auf gute Umgangsformen

Es gibt viele Kinder, die einfach zu viel essen. Sie laden sich riesige Portionen auf den Teller und verdrücken diese in Windeseile, um noch schnell einmal nachzufassen. Dieses Essverhalten findet man häufig bei Nachzüglern, die ständig Angst haben, zu kurz zu kommen. Anstatt das Essen zu thematisieren, ist es besser, das Thema »Tischmanieren« anzusprechen: Machen Sie Ihren Kindern klar, dass gute Umgangsformen zu einer guten Erziehung gehören. Erklären Sie ihnen, dass andere sie automatisch aufgrund ihrer Umgangsformen beurteilen werden. Und dass man später, wenn man einmal »groß« ist und einen tollen Job hat, bei dem man viel Geld verdient, sich einfach benehmen können muss.

Zu guten Tischmanieren gehört:

- Den Teller nicht zu überfrachten, sondern kleine Portionen zu nehmen.
- Langsam zu essen, ohne dass der Essplatz anschließend wie bei einem Ferkel aussieht.
- Nicht mit vollem Mund zu sprechen und sich auch nicht so viel hineinzustecken, dass man nur noch würgend schlucken kann.
- Das Besteck richtig zu halten, eine Serviette zu benutzen, den linken Arm auf den Tisch … all die kleinen Dinge, die dazugehören.

So schlagen Sie zwei Fliegen mit einer Klappe: Ihre Kinder werden sich überall gut zu benehmen wissen. Und Sie lösen eine Ursache für Übergewicht, nämlich »zu viel, zu schnell«, ohne dass das Kind das Gefühl bekommt, Sie enthalten ihm Essen vor.

Klar werden die Kinder meckern. Aber jedes Kind jammert, wenn es Regeln einhalten soll. Sind Ihre Kinder über das Kleinkindalter hinaus, können Sie noch eins darauf setzen: Gewöhnen Sie sich an, mehrmals in der Woche den Tisch besonders hübsch zu decken, und essen Sie abends öfter mit Kerzen und schönen Gläsern. Die meisten Kinder sind ganz beeindruckt, wenn auf dem Tisch die guten Gläser stehen, sie aus Weingläsern trinken dürfen, wenn Kerzen brennen und ein paar Blumen auf dem Tisch stehen … und benehmen sich dann gerne gut.

Wichtig

Untersuchungen haben ergeben, dass man Essen nur dann registriert, wenn man es im Sitzen eingenommen hat. Essen »auf der Hand«, ob die Pommes frites in der Fußgängerzone oder der Burger unterwegs, wird ohne sich hinzusetzen nicht wahrgenommen. Ein simples Eis mit zwei Kugeln hat fast 200 Kalorien. Erinnern Sie sich jedes Mal sofort daran? Eher nicht. Aber den Salat mit Putenbrust, der nur geringfügig darüber liegt, den haben sie als Mahlzeit registriert! Sorgen Sie deshalb dafür, dass Mahlzeiten, wie Pizza, belegte Brötchen, Hot Dogs, Eis, Burger oder Pommes Frites, wenn Sie sie überhaupt zulassen, nur im Sitzen eingenommen werden.

Mehr Abwechslung statt einseitiger Vorlieben

Es gibt eine Menge Kinder, die sich am liebsten ausschließlich von Nutella-Broten, Fischstäbchen und Spaghetti mit Tomatensauce ernähren würden. Die nichts Neues ausprobieren, die herumnörgeln, wenn sie von ihren Lieblingsgerichten abweichen sollen. Die Gemüse verweigern, die kein Obst essen wollen, die bei Vollwertbrot streiken ... die Liste ist endlos. Daraus resultierend gibt es jede Menge Familien, in denen Mütter für das eine Kind Nudeln kochen, dem anderen Würstchen braten und für den Ehemann und sich selbst ein drittes Essen zubereiten.

Natürlich ist man aus Mutterliebe bestrebt, es möglichst allen recht zu machen. Aber die Doktrin »Was auf den Tisch kommt, wird gegessen« unserer Eltern bzw. Großeltern war gar nicht so verkehrt. Natürlich möchten Sie nicht so autoritär sein. Es gibt aber eine einfache Lösung dieses Problems: Servieren Sie das Essen anders. Sorgen Sie für Abwechslung – und zwar vor allen Dingen optisch.

Kinder probieren nahezu jedes Gericht, wenn sie es mit den Fingern essen dürfen oder mit asiatischen Ess-Stäbchen. Es sei denn, das jeweilige Gericht enthält ein bestimmtes Gewürz oder eine Zutat, die sie definitiv nicht ausstehen können. Sollte das Kind aber ganze Kategorien wie Gemüse, rohes Gemüse, Salat und Obst ablehnen, müssen Sie darauf keine Rücksicht nehmen. Sagen Sie nicht: »Rohkost ist sooo gesund«, sondern schneiden Sie eine bunte Platte mit Paprika, Kohlrabi und Co., und rühren Sie dazu ein paar leckere Dips. Wenn Sie Sorge haben, dass die Kinder beim ersten Mal immer noch streiken, breiten Sie im Wohnzimmer eine Decke aus und verkaufen Sie das Ganze als Picknick.

Die schöne Qual der Wahl

Natürlich sollen Sie jetzt nicht jeden Tag »den Bär ums Essen veranstalten«, wir möchten nur Ihre Sinne schulen, wie Sie die Sinne Ihrer Kinder schulen. Kinder lieben Abwechslung. Sie lieben ungewöhnliche Dekos und andere Essplätze. Sie lieben es, Auswahl

Bild rechts: »So lange keiner sagt, dass das 'gesund' ist, schmeckt's mir auch.«

zu haben. Sind Ihre Kinder z.B. keine Salatfans, machen Sie den Salat nicht bereits in der Küche selbst an, sondern stellen Sie mehrere Dressings auf den Tisch, die Ihre Kinder dann eigenhändig über ihre Salatportion gießen dürfen.

Die Chance auszuwählen, ist für ein Kind so schön, dass es den Salat dann einfach isst. Nämlich mit seiner Sauce. Und mit so viel Sauce, wie es selbst auf den Salat geschüttet hat. Würden Sie die Sauce selbst über den Salat geben, wäre mit Sicherheit irgendetwas falsch: Zu viel, zu wenig, über die falschen Salatblätter gegossen, vom Rand in die Mitte gegossen und nicht umgekehrt... Kinder sind sehr gewitzt, Gründe zu finden, um ein bestimmtes Essen nicht zu wollen. Darf ein Kind sein Essen aber selbst zubereiten – egal, ob von Anfang an oder nur in der letzten Phase des Servierens – vermeiden Sie eine Menge Widerstände!

Übertrumpfen Sie Fastfood-Angebote

Mal ernsthaft: Fastfood ist bei Kindern doch nicht wegen der Qualität des Essens so beliebt, sondern weil man da aus einer Vielzahl von Möglichkeiten auswählen darf, von einem Tablett aus mit den Fingern isst, weil das Getränk einen Strohhalm mit Deckel hat, überall Fähnchen dekoriert sind und weil es Junior-Tüten gibt.

Selbst wenn das Kind irgendwann zu alt für die Junior-Tüte wird: Die Vorliebe für Fastfood bleibt. Zu fest sind die positiven Erlebnisse verankert. Die ungewohnte Atmosphäre verstärkt auch positiv die dort erlebten Geschmackserlebnisse. Was zur Folge hat, dass Ihr Kind selbst als Twen Pommes frites am liebsten mag, wenn sie typisch nach Frittenbude schmecken – das erinnert so herrlich an die Fähnchen, die Rutsche und die bunte Möblierung.

Gerichte mit Variationsmöglichkeit

- Müslis (generelle Auswahl, verschiedene Sorten Obst dazu)
- Pizzen (Beläge aus fettarmen Zutaten – Käse für die Gesamtpizza rationieren)
- Obstkuchenbelag (ausgefallene Dekos; s. Foto Seite 22)
- Grillspieße
- Vollkornnudeln mit verschiedenen Saucen
- Selbst gebratene Hamburger – die Zutaten auswählen lassen (Dann verliert auf einmal der Fastfood-Spezialist an Attraktivität, weil die selbst gewählten Zutaten natürlich viel, viel besser schmecken!)
- Rührei (mit Kräutern, mit Tomaten, mit Schinkenwürfeln, mit Zwiebeln, ohne alles...)
- Pfannkuchen
- Verschiedene Brotsorten mit einer Auswahl verschiedener Beläge (Sorgen Sie auch bezüglich der Auswahl selbst für eine andere Atmosphäre. Dann kommen Sie von der üblichen Abendbrot-Stimmung weg.)
- Suppen mit verschiedenen Einlagen
- Süßigkeiten (Machen Sie hierfür gleichwertige kleine Portionen an fettarmen Süßigkeiten – nach Möglichkeit nicht mehr als 50 Kalorien pro Einheit – und lassen Sie das Kind pro Tag für sich höchstens drei Stück auswählen. Wann es die isst, kann es selbst entscheiden.)

Deko ist alles! »Das ist ein Indianerkuchen, was sonst?«

Wenn Sie Ihrem Kind innerhalb der vorgegebenen Bandbreite Optionen bieten, wird es diese Möglichkeiten nutzen. Neben dem bereits zitierten Salatdressing und der Rohkostplatte können Sie das Auswahlverfahren bei vielen Gerichten anwenden.

Geht Ihr Kind auf keine dieser Möglichkeiten ein, hilft alles nichts, dann müssen Sie konsequent bleiben: Der eventuelle Nachtisch wird nicht vergrößert, es gibt keine Alternativen zu dem, was auf dem Tisch steht, es gibt nichts Besonderes zwischendurch; es darf nicht naschen und es darf sich nicht am Kühlschrank selbst bedienen.

Menschliche Kontakte helfen gegen Frust

Unerfahrene Mütter glauben oft, dass ein Kind immer gefüttert werden muss, wenn es schreit. Sie unterscheiden nicht, ob das Kind die Hosen voll hat, ob es Durst hat, ob ihm einfach nur langweilig ist oder ob es einmal richtig seine Stimme testen möchte – es ist nämlich eine tolle Erfahrung, zum ersten Mal bewusst die eigene Stimme zu hören!

Kinder lernen aber in diesen Fällen, dass jeder Frust, wie volle Hosen zu haben und Langeweile, durch Essen gelöst werden kann und durch Essen verbessert wird. Diese Ursache für Übergewicht ist mit am schwersten zu beheben. Ein Kind sagt ja nicht, dass es frustriert oder ihm langweilig ist – es geht einfach an den Kühlschrank, an den Vorratsschrank und bedient sich.

Bei diesen Kindern müssen Sie unbedingt für Abwechslung und viel persönlichen Kontakt sorgen, sei es zu Ihnen selbst oder zu anderen Bezugspersonen. Dazu gehören auch aktive (!) Freunde. Falls Ihr Kind keine Freunde hat, melden Sie es zu Sportkursen an, zur Musikschule, zum Malunterricht und versuchen Sie, den Unterricht in Gruppen zu buchen. Vielleicht lernt Ihr Kind ja hierüber passende Freunde kennen.

Versuchen Sie auch viel zusammen mit Ihrem Kind zu unternehmen – ohne mit ihm unterwegs irgendetwas zu essen. Fahren Sie gemeinsam Inlineskates, Fahrrad, gehen Sie auf den Spiel- und Bolzplatz oder zum Entenfüttern, lassen Sie zu, dass es einen Nachbarshund zum Gassigehen abholt ... tun Sie so viel wie möglich, damit es mit angenehmen Dingen aktiv beschäftigt ist.

Sorgen Sie für Bewegung

Kinder, die viel rennen, die an der frischen Luft Fahrrad fahren, die draußen spielen, sind ausgeglichener als kleine Stubenhocker, sie haben beim Spielen Sozialkontakte, sie verbrennen Energie... sie haben Muskeln und beim Schulsport gehören sie auch nicht immer zu den Letzten im Ziel. In immer mehr Schulen werden Sport-AGs etabliert, zu denen man sein Kind für einen geringen Eigenanteil anmelden kann. Falls die Schule Ihres Kindes so etwas anbietet, sollten Sie das Angebot nutzen.

Ebenso am Wochenende, wenn Familienzeit angesagt ist, sollten Sie nach Möglichkeit viel unternehmen. Aber nicht nur durch den Zoo schlendern, mit dicker Picknicktasche bewaffnet und immer in Sichtweite von Currywurstbuden und Eisständen. Bringen Sie die Fahrräder wieder in Schuss und machen Sie Fahrradtouren. Gehen Sie walken und nehmen Sie die Kinder mit. Machen Sie Entdeckungstouren im Wald. Gehen Sie schwimmen. Toben Sie mit Ihren Kindern, balgen Sie herum.

Auch der körperliche Kontakt ist für Kinder ganz wichtig. Gerade auch mit dem Vater. Spielerisch Kräfte zu messen macht Kindern Spaß, und solche Aktivitäten sorgen für eine feste, vertrauensvolle Verbindung zwischen Eltern und Kindern, die spätestens in der Pubertät den notwendigen Rückhalt geben.

Stellen Sie Ihre Kinder, wenn es irgendwie geht, nicht immer irgendwo ab. Auch wenn Sie und Ihr Mann berufstätig sind, wenn Sie als allein erziehende Mutter oder Vater für die Kinder sorgen – bei aller Beanspruchung den Lebensunterhalt zu verdienen: Ein Kind braucht die körperliche Nähe, die Vertrautheit zu seinen Eltern, um selbstbewusst und voller Selbstvertrauen seinen Kindheitsalltag zu bewältigen.

Falls Sie sich allein nur schwer aufraffen können, mit dem Kind eine Radtour zu machen, dann inserieren Sie in Ihrem lokalen Anzeigenblatt – vielleicht finden Sie auf diesem Wege andere Alleinerziehende mit dem gleichen Problem und lösen es dann gemeinsam.

Die Feinde Ihres Kindes: Fernseher und Computerspiele

Wie sehr Computernutzung und Übergewicht miteinander verknüpft sind, sieht man, wenn man sich die Generation der heutigen Computer-Fachleute unter 30 Jahren ansieht. Die Dot-Com-Experten, die Administratoren, die Netzwerkspezialisten, die »Internet-Fuzzis« – in keiner Berufsschicht sind so viele junge Männer übergewichtig wie hier.

Kinder, die nur vor der Glotze hängen und am Computer und am Gameboy »daddeln«, liegen bei den übergewichtigen Kindern vorne. Hinzu kommt, dass die permanente Reizüberflutung – auch ausgelöst durch die schnellen Bildfolgen im Fernsehen – die Kinder anfangs völlig überfordert, um sie später abstumpfen zu lassen. TV-Kinder sind zwar in Bezug auf ihren aktiven Wortschatz unge-

Wichtig

Erst kürzlich ist eine neue Generation Computerspiele auf den Markt gekommen: Eye-toy. Bewegungsspiele am Computer, gesteuert von einer kleinen Kamera, die die Bewegungen des Kindes in das Spielgeschehen integriert – klappt übrigens auch bei Erwachsenen! Der ganze Körper ist gefagt, Motorik, Rhythmus und Koordination werden gefordert und gefördert. Für Kinder, die sich nur ungern bewegen – dafür aber Computerspiele lieben – könnte Eye-toy zum perfekten Fitnessprogramm avancieren. Da sich die Kosten in Grenzen halten und schon viele Kinder über eine Playstation 2 verfügen, ist diese Spielgeneration eine Möglichkeit, Kinder und Jugendliche ohne Zwang aus ihrem Bewegungsdefizit herauszuführen.

mein weit und spulen Floskeln aus dem Fernsehprogramm ab, dass man sich nur wundern kann, aber Fantasie und die Entwicklung von emotionaler Intelligenz bleiben meist auf der Strecke.

Normalerweise denken sich Kinder – selbst wenn sie sich alleine beschäftigen – die tollsten Spielvarianten aus. Vor allem, wenn sie draußen herumtoben. Sie schlüpfen in verschiedene Rollen, leben unterschiedliche Charaktere aus, sind mal Räuber, mal Retter, mal Prinzessin und mal Clown… und entwickeln so im Kontakt mit anderen Kindern ganz früh die notwendigen sozialen Fähigkeiten, die später kaum oder nur sehr schwer erworben werden können.

Elektronik in Maßen genießen

Seien Sie also nicht nur beim Naschen sondern auch im Umgang mit elektronischem Spielzeug aller Art hart: Das Sandmännchen reicht für kleine Kinder völlig aus. Für Vier- bis Sechsjährige sind 30 Minuten Fernsehen mehr als genug – und ganze Generationen von Kindern haben die Abwesenheit von Gameboys überlebt.

Computer sind ab einem gewissen Alter auf jeden Fall sinnvoll, z. B. Löwenzahn o. Ä., und für Teenager sogar notwendig – aber nach Möglichkeit unter Aufsicht und verbunden mit einem Zeitlimit. Lassen Sie Ihre Kinder auf keinen Fall stundenlang an der Kiste kleben. Falls sich Ihr Kind – weil Sie berufstätig sind – nicht an Ihre Vorgaben hält, gibt es die Möglichkeit, sowohl Fernseher als auch Computer mit Passwörtern zu versehen. Mit Ihrem Internet-Zugang sollten Sie das in jedem (!) Fall tun.

Auch beim Fernsehkonsum gilt: Sie sind das Vorbild. Falls Sie und/oder Ihr Partner direkt nach dem Abendessen im Fernsehsessel versinken, sollten Sie auch an Ihren eigenen Gewohnheiten arbeiten. Spieleabende, Vorlesestunden, Schmuse- und Bastelnachmittage und gemeinsame Touren am Wochenende sind für eine gute Eltern-Kind-Verbindung notwendig. Sie werden Ihrem Kind spätestens in der Pubertät den dann notwendigen Halt geben. Und wenn Ihnen die Eltern typischer Electronic-Kids beim Elternabend ihr Leid klagen, werden Sie froh sein, dass Sie diese Zeit für Ihre Kinder aufgebracht haben.

Regeln sind das Thema – nicht das Essen

Einige der vorgeschlagenen Maßnahmen klingen jetzt vielleicht für Sie im ersten Moment hart und grausam, aber machen Sie sich klar, dass es Ihre Aufgabe als Erzieher ist, Ihr Kind zu führen. Sie müssen einem Kind Regeln geben, es leiten – in seinem eigenen Interesse. Ein Interesse, dass das Kind natürlich nicht nachvollziehen kann und nicht nachvollziehen will. Tun Sie es nicht, haben Sie ein dickes Kind, das gehänselt wird, das beim Sport versagt, das wenig Freunde hat… ein Kind, das viel, viel mehr Probleme bekommt, als wenn Sie es heute mit dem Problem konfrontieren, sich an derartige Regeln zu halten.

Machen Sie sich klar, warum Sie dieses Buch erworben haben: Sie möchten ein gesundes Kind. Ein fröhliches Kind. Das nicht von anderen verspottet wird. Das Freunde hat, sich gerne bewegt... und auch wenn Sie sich selbst vorwerfen, in der Vergangenheit bei der Ernährung Ihres Kindes Fehler gemacht zu haben, sollte Sie das nicht dazu verleiten, diese Fehler aus falsch verstandener Liebe fortzuführen, um Ihr Kind zu schonen.
Sie werden Ihr Kind auch später vor der Qual von Diäten bewahren, davor, als Teenager bei der ersten Partnerwahl immer nur zur zweiten Garnitur zu gehören; es wird so sicher keine Ess-Störungen bekommen, denn wenn Sie genau hinschauen: Wir thematisieren bei Kindern – egal ob dick oder dünn – niemals das Essen, wir thematisieren Regeln!

Man muss Oma und Opa schon bremsen, damit sie es bei so einer süßen Maus mit den Liebesbeweisen nicht übertreiben.

Bleiben Sie hart!

Natürlich wird es Ausnahmen geben: Bei Schulfesten, bei Kindergartenfeiern, bei Kindergeburtstagen... und falls Sie selbst nicht teilnehmen können, wird es schwierig mit der Kontrolle. Auch mit Omas und Opas, die es immer alle so gut meinen – und das am liebsten mit Kuchen, Schokolade und anderen Leckereien zum Ausdruck bringen –, müssen Sie klärende Worte sprechen und für eine einheitliche Linie sorgen.
Ältere Leute zeigen häufig wenig Verständnis, wenn es um Ernährungsfragen geht. Themen wie »Biofleisch«, »Vollwertgebäck« oder »hoher Süßigkeitenkonsum« werden als übertriebene Spinnerei abgetan – gab es ja früher auch nicht. Und schließlich essen Oma und Opa seit Jahrzehnten den Sonntagskuchen und fettes Fleisch – »...und schaut doch nur, wie alt wir geworden sind!«
Sind Sie noch dazu auf Ihre Eltern oder Schwiegereltern bezüglich der Versorgung des Kindes angewiesen, kann das problematisch sein. Aber egal, wie groß der Berg ist, den Sie da vor sich sehen: Gehen Sie ihn an, sprechen Sie mit den Leuten über Ihr Kind und sein Gewicht. Klären Sie auf, zeigen Sie Ihren Eltern Alternativen auf. Sie sind die Führungsperson für Ihr Kind – und Sie haben die Verantwortung. Setzen Sie sich durch!

So führen Sie LOW FETT 30 in Ihrer Familie ein

Bei Kindern unter etwa acht Jahren ist die Geschichte mit der Eigenverantwortung noch sehr schwierig. Hat das Kind aber schon ein gewisses Problembewusstsein, z. B. weil es sich selbst nicht gefällt oder weil es von Mitschülern geärgert wird, ist es eher bereit, mitzuarbeiten. Bei kleineren Kindern oder bei Kindern, deren Selbstwertgefühl noch stabil ist, ohne dass sie sich wie ein »typisch dickes Kind« verhalten, sollten Sie nur über die Versorgung, über die Grundsatzregeln aus dem vorigen Kapitel und auch die Verwendung von Taschengeld (eben nicht für Pommes frites und Schokoriegel) sprechen.

Alle in einem Boot – so klappt es bestimmt

Wenn Ihr Kind aber schon so alt ist, dass Sie mit der richtigen Strategie und gezielter Manipulation nichts mehr ausrichten – weil sich das Kind aus dem Kühlschrank selbst bedient –, ist es leider nötig, das Thema »Gewicht« anzusprechen. Die Konsequenzen, die Übergewicht hat. Und Bewegungsarmut. Sie können sich derlei Gespräche nur dann erleichtern, wenn alle Familienmitglieder sich umstellen.

Das klingt jetzt erst einmal schlimmer, als es ist. Sie alle werden gut, ausreichend und ausgewogen essen, ohne dass ab heute nur noch Körnerfutter und Grünzeug auf dem Tisch steht. LOW FETT 30 ist ein völlig normales Essen. Sie müssen auf nichts verzichten, nicht einmal auf Kuchen oder Süßigkeiten. Dennoch wird sich einiges verändern. Aber Sie und Ihre Familie werden es mögen. Versprochen!

Ausschlaggebend für den Erfolg ist, dass alle in der Familie an einem Strang ziehen. Halten Sie Familienrat und besprechen Sie die bevorstehenden Veränderungen. Einigen Sie

Bild rechts: »Pizza gefällig? Selbst gemacht, ganz alleine!«

sich im Vorfeld mit Ihrem Partner, denn wenn er Ihnen in den Rücken fallen würde, wäre dies das sofortige Aus für das Projekt »Ernährungsumstellung«.
Und verbieten Sie den Großeltern, bezüglich des Essens irgendwelche Kommentare abzugeben. Kinder kriegen solche unterschiedlichen Auffassungen immer mit und je nachdem, in welcher Phase sie sich gerade befinden und wie intensiv die Verbindung zu dem jeweiligen Störenfried ist, wird es sich auf dessen Seite schlagen und Ihre Bemühungen boykottieren. Auch hier gilt: Setzen Sie sich durch!

Der Tag X

- Planen Sie ein besonders beliebtes Essen – natürlich dann in der LOW FETT 30-Version, z.B. Spaghetti, Nudelauflauf, ein leckerer Braten… und wenn Sie ganz sichergehen wollen, machen Sie noch einen LOW FETT 30-Nachtisch dazu. Wenn alle satt und zufrieden sind und gut gegessen haben, erklären Sie Ihre Absichten. Machen Sie den Grund für die Umstellung nicht an einem einzelnen Familienmitglied fest, sondern stellen Sie die Vorteile für alle in den Vordergrund.
- Ihr Kühlschrank und Ihre Vorratsschränke sollten zu diesem Zeitpunkt bereits nach Möglichkeit »clean« sein, sprich: nur LOW FETT 30-Produkte enthalten.
- Legen Sie eine möglichst große Bandbreite von LOW FETT 30-Süßigkeiten, LOW FETT 30-Schipps und anderen LOW FETT 30-Knabbersachen auf den Tisch und erklären Sie den Kindern, warum Sie hiervon essen können – aber sorgen Sie dennoch dafür, dass sie sich nicht ausschließlich von Süßem und Schipps ernähren.
- Erklären Sie die Funktionen von Fett in der Nahrung und warum wir damit unser Gewicht am besten steuern können.
- Machen Sie klar, dass das Essen nicht weniger wird, dass das Essen sogar besser wird – und dass es jede Menge leckerer Dinge gibt, die LOW FETT 30 sind, ohne dass man da weiß.
- Stellen Sie Ihre Getränke auf den Prüfstand. Gezuckerte Getränke gehören nicht in einen Kinderhaushalt. Das gilt für gezuckerten Kakao genauso wie für Cola-Getränke und Limonaden, für Säfte und Eistee. Wenn Zucker auf dem Zutatenverzeichnis mit drauf steht, lassen Sie das Getränk liegen: Die Bauchspeicheldrüse von Kindern fährt permanent Achterbahn, wenn Kinder Zuckergetränke trinken. Auch wenn Süßstoffe immer wieder in die Kritik geraten sind: Süßstoff ist für ein zu Übergewicht neigendes Kind nicht annähernd so schlimm wie der pure, konzentrierte Zuckerschock, den es mit einer Flasche Limonade auslöst.
- Steigen Sie am besten so schnell wie möglich auf Mineralwasser und auf Saftschorlen um. Ideal sind so genannte Direktsäfte, die sich wunderbar mit Wasser verdünnen lassen. Weit mehr als das bei fertigen Apfelsaftschorlen der Fall ist.
- Sind Ihre Kinder im Rechnen fit, spannen Sie sie beim Einkaufen für das Errechnen der Fettformel ein. Kinder wissen schon nach wenigen Wochen, was LOW FETT 30 ist und was nicht.

Härtefälle – Kinder mit starkem Übergewicht

Falls Ihr Kind schon so stark Übergewicht hat, dass es als »fettsüchtig« eingestuft wird, ist es notwendig, zu konzertierten Maßnahmen zu greifen. Die vorangegangenen Umstellungen sollten Sie auf jeden Fall alle durchziehen. Zusätzlich benötigen Sie aber Unterstützung von Kinderärzten und Kinderpsychologen.

Ein Kind, das man selbst bei wohlwollendster Betrachtung nur als »fett« einstufen kann, hat in aller Regel erhebliche psychische Probleme und physische dazu. Schulsport wird bei diesen Kindern zum Albtraum, allein schon, weil sie sich vor anderen umziehen müssen. Hinzu kommt der Leistungsaspekt. Anforderungen, die ein normalgewichtiges Kind mit geringer Anstrengung erfüllt, sind für dicke Kinder nicht zu schaffen: Weitsprung, 100-Meter-Lauf, 400-Meter-Rennen, Wettschwimmen und Geräteturnen scheitern schon im Ansatz.

Wenn Sie Glück haben, macht es zusätzlich noch ein paar Wachstumsschübe durch und relativiert über die Größe einen Teil seines Gewichts. Doch ohne die ehrliche Mithilfe Ihres Kindes wird es nicht gehen. Ist es so stark übergewichtig, hat es sowieso schon eine Ess-Störung. Sie können durch Ihr Verhalten und Ihre Umsicht dafür sorgen, dass diese Ess-Störung sich normalisiert und nicht vom Übergewicht in die Bulimie oder in eine Magersucht umschlägt.

Zusätzliche Maßnahmen bei stark übergewichtigen Kindern

- Sprechen Sie mit dem Sportlehrer über das Problem und über die Maßnahmen, die Sie ergriffen haben – und bitten Sie ihn, Ihr Kind zu fördern und im Rahmen seiner Möglichkeiten zu fordern, ihm aber bitte nicht jeden Spaß an Bewegung bis ans Ende seiner Tage zu nehmen.
- Melden Sie es zudem zu einer Sport-AG für übergewichtige Kinder an.
- Bemühen Sie sich um eine Kinder-Kur für übergewichtige Kinder und versuchen Sie diese für seine Sommerferien zu buchen.
- Und: Belohnen und bestrafen Sie das Kind niemals über das Essen. Besprechen Sie vielmehr die vorgenannten Regeln mit Ihrem Kind und machen Sie ihm klar, dass es ohne sein eigenes Engagement nicht gehen wird.
- Kinder ab etwa zwölf Jahren können Sie auch in einer unserer Abnehmgruppen anmelden, denn hier wird das Kind motiviert und zudem umfassend über Ernährung informiert. Schon eine Reihe übergewichtiger Kinder hat im Rahmen unserer Gruppen gut abgenommen. Dazu ist aber erforderlich, dass Ihr Kind wirklich mitmacht.
- Wiegen Sie Ihr Kind auch nicht jeden Tag. Ein Mal pro Woche – auch ein Mal pro Monat – reicht in der Regel aus.

Hinweise zu den Rezepten

Hilfreiche Informationen

Am Ende des Buches finden Sie die Bestelladresse für das Buch »Steig ein… LOW FETT 30«. Es handelt sich dabei um eine fast 100 Seiten starke Broschüre, wo wir bei den Nahrungsmittel Ross und Reiter nennen. Da werden alle Produktgruppen mit Beispielen genannt und sie enthält einen Anhang, in dem Sie eine sehr übersichtliche Nährwerttabelle mit den gängigen Produkten finden. Das »Einsteiger- Buch« sollten Sie in jedem Fall haben. Ansonsten laden wir Sie auf unsere Internetseiten ein (www.lowfett.de) ein. Dort finden Sie ebenfalls Nährwerte, Tipps und Tricks, hilfreiche Adressen und Links, einen Chat und vor allem ein Fragen-Forum, wo Sie alle Sorgen und Probleme rund um LOW FETT 30 loswerden können.

Zubereitungszeiten

Hier steht die Zeit, die Sie benötigen, um das ganze Gericht zuzubereiten. Sollten dabei längere Zeitspannen auftreten, in denen Sie nichts zu tun haben, so sind diese gesondert als Back-, Kühlzeit usw. aufgeführt.

Kalorien- und Nährwertangaben

Sie beziehen sich immer auf 1 Portion bzw. 1 Stück des Gerichts. Bei den Nährwertangaben sind auch die Kohlenhydratmengen ausgewiesen, um den Lesern, die eine Eiweiß-Formula-Diät unter ärztlicher Aufsicht machen, die Portionsberechnungen zu erleichtern.

Hinweis

Bitte beachten Sie, dass Nährwertangaben je nach Datengrundlage variieren können. Außerdem unterliegen die Inhaltsstoffe ein und desselben Lebensmittels natürlichen Schwankungen. Unsere Angaben sind deshalb als Durchschnittswerte anzusehen. In unseren Rezepten verwenden wir bei Milch die 1,5 %-Variante, bei Quark- und Joghurt die 0,1 %-Versionen.

Zutaten

Wenn nicht anders angegeben, geht man bei Obst und Gemüse von ungeputzter Rohware aus. Bei Stückangaben wird auf ein Stück mittlerer Größe Bezug genommen.

Ofentemperaturen

Alle Temperaturen für Backöfen gelten für Elektroöfen ohne Umluftfunktion. Bei Gas- und Umluftöfen bitte die Angaben des Herstellers beachten und die entsprechende Temperatur aus der Bedingungsanleitung Ihres Herdes.

Die Abkürzungen

bzw.	=	beziehungsweise
ca.	=	circa
EL	=	Esslöffel
F.	=	Fett
F.i.Tr.	=	Fett in Trockenmasse
g	=	Gramm
kcal	=	Kilokalorien (oder einfach: Kalorien)
kg	=	Kilogramm
KH	=	Kohlenhydrate
l	=	Liter
ml	=	Milliliter
Msp.	=	Messerspitze
o.Z.	=	ohne Zucker
Päck.	=	Päckchen
Pckg.	=	Packung
TK-	=	Tiefkühl-…
TL	=	Teelöffel
z.B.	=	zum Beispiel

Vollkorn
Brandt

Rezepte

Frühstück & Snacks

80 g Müslimischung
300 g Vanillejoghurt
1 Banane
200 g Erdbeeren
1 EL gehackte Walnusskerne

Bananen-Erdbeer-Müsli (Foto)

Für 2 Personen ■ Zubereitungszeit: ca. 5 Min.
Pro Portion: 305 kcal ■ 10 g Fett ■ 42 g KH ■ 29,5 % kcal aus Fett

1 Die Müslimischung mit dem Vanillejoghurt verrühren.
2 Die Banane schälen, in Stücke schneiden. Die Erdbeeren waschen, trockentupfen und die Stielansätze entfernen. Große Beeren halbieren.
3 Das Obst und die Walnusskerne unter das Müsli mischen.

200 g Wassermelone (ohne Schale gewogen)
8 Scheiben Vollkornknäckebrot
250 g körniger Frischkäse
2 EL gehackte Pistazien
Pfeffer

Hüttenfrühstück mit Wassermelone

Für 4 Personen ■ Zubereitungszeit: ca. 10 Min.
Pro Portion: 204 kcal ■ 6 g Fett ■ 25 g KH ■ 26,4 % kcal aus Fett

1 Die Wassermelone in Stücke schneiden. Die Knäckebrote mit dem körnigen Frischkäse bestreichen und mit den Melonenstücken belegen.
2 Die Pistazien darüber streuen und einen Hauch Pfeffer darüber geben.

Gyros-Baguette mit pikanter Sauce

400 g Schweinelende
Gyrosgewürz
1 EL Sonnenblumenöl
1 Orange
4 EL Pflaumenmus
1 TL Sambal Oelek
1 Bund Frühlingszwiebeln
75 g Quark
1 TL Aceto balsamico
Salz, Pfeffer
4 Baguette-Brötchen
4 Salatblätter

Für 4 Personen ▪ Zubereitungszeit: ca. 15 Min. ▪ Marinierzeit: ca. 15 Min.
Pro Portion: 453 kcal ▪ 5,5 g Fett ▪ 67,25 g KH ▪ 10,9 % kcal aus Fett

1 Die Schweinelende in Scheiben schneiden. Das Gyrosgewürz und das Öl mischen, die Fleischscheiben damit kräftig einreiben und mindestens 15 Minuten marinieren.

2 Die Orange auspressen, den Saft mit dem Pflaumenmus verrühren, mit Sambal Oelek würzen und abschmecken. Die Frühlingszwiebeln in Ringe schneiden, etwas Grün aufheben.

3 Die Fleischscheiben in einer beschichteten Pfanne von beiden Seiten etwa 5 Minuten braten, die Frühlingszwiebeln dazugeben und kurz mitbraten.

4 Den Quark mit Essig, Salz und Pfeffer verrühren. Die Baguette-Brötchen aufschneiden, die unteren Hälften mit Quark bestreichen, mit Salatblättern und den restlichen Frühlingszwiebeln belegen. Das Fleisch darauf verteilen. Die Orangen-Pflaumen-Sauce darauf geben und mit den oberen Baguette-Hälften abdecken.

Farmer-Baguette

1 EL Magerquark
1 TL Tomatenketchup
1 Baguette-Brötchen
1 Frühlingszwiebel
2 Salatblätter, z. B. Eisberg
3 Scheiben Farmerschinken (30 g), Hauchschnitt ohne Fettrand
1 Scheibe Ananas in Stücken (60 g)

Für 1 Person ▪ Zubereitungszeit: ca. 5 Min.
Pro Portion: 244 kcal ▪ 2 g Fett ▪ 40 g KH ▪ 5,9 % kcal aus Fett

1 Den Quark mit dem Ketchup verrühren. Das Baguette-Brötchen durchschneiden und mit der Quarkmischung bestreichen. Die Frühlingszwiebel waschen, putzen und in dünne Ringe schneiden.

2 Die untere Brötchenhälfte mit den Salatblättern, dem Schinken, den Ananasstücken und den Frühlingszwiebelringen belegen. Mit der oberen Hälfte abdecken.

Hamburger

Für 1 Person ▪ Zubereitungszeit: ca. 15 Min.
Pro Portion: 420 kcal ▪ 12 g Fett ▪ 41 g KH ▪ 25 % kcal aus Fett

- 120 g Tatar (gemischtes Hackfleisch)
- 1 TL Öl, 2 kleine Gewürzgurken
- 1 EL Limettensaft
- 3 EL Kefir (1,5 % F.)
- 1 Hamburgerbrötchen
- 1 Blatt Eisbergsalat
- 3 EL Tomatenketchup
- je 2 Scheiben Tomate und Gurke

1 Das Tatar zu einem Fladen formen und von beiden Seiten in Öl braten. Die Gurken in sehr dünne Scheiben schneiden, mit Limettensaft und Kefir vermischen.

2 Die Brötchen grillen oder toasten, aufschneiden, beide Seiten mit der Kefirmischung bestreichen. Das Salatblatt auf die untere Hälfte setzen, das Fleisch darauf legen. Mit Ketchup, Tomaten- und Gurkenscheiben garnieren und die Brötchenhälften zusammenklappen.

Überbackenes Gemüse-Baguette

Für 4 Personen ▪ Zubereitungszeit: ca. 20 Min.
Pro Portion: 405 kcal ▪ 305 g Fett ▪ 76,3 g KH ▪ 7,8 % kcal aus Fett

- 1 Baguette (500 g)
- 1 Pckg. stückige Tomaten mit Kräutern (400 g)
- je 1 rote und grüne Paprikaschote
- 1 Zwiebel
- 1 Zucchini
- 1 zerdrückte Knoblauchzehe
- Salz, Pfeffer
- 50 g geriebener Edamer (30 % F.)

1 Den Backofen auf 220 °C vorheizen. Das Baguette längs aufschneiden. Die Tomaten in einem Topf erhitzen.

2 Paprikaschoten und Zwiebel in kleine Würfel schneiden, Zucchini in dünne Scheiben schneiden. Das Gemüse unter die Tomatenstücke rühren, mit Knoblauch, Salz und Pfeffer würzen.

3 Das Gemüse auf den Baguette-Hälften verteilen. Den Käse darüber streuen. Im Backofen etwa 10 Minuten backen.

Zebrabrot (Foto)

- 1 EL Schnittlauchröllchen
- 1 TL Zitronensaft
- 1 Prise Salz
- Pfeffer
- 1 EL Magerquark
- 1 Scheibe quadratisches Vollkornbrot

Für 1 Person ▪ Zubereitungszeit: ca. 5 Min.
Pro Portion: 106 kcal ▪ 1 g Fett ▪ 18 g KH ▪ 5,1 % kcal aus Fett

1 Die Schnittlauchröllchen mit dem Zitronensaft, Salz, Pfeffer und Quark verrühren.

2 Das Brot in Viertel schneiden, drei Quadrate mit der Creme bestreichen und alles zu einem Turm zusammensetzen. Das unbestrichene Quadrat obenauf legen, den Turm etwas zusammendrücken und wie ein Knallbonbon in Frischhaltefolie wickeln.

Scho-Ba-Nu-Aufstrich

- 1 kg reife Bananen
- 4 gehäufte EL Kakao oder Schokosirup
- 1 Päck. Vanillinzucker
- 100 g geröstete, gemahlene Haselnüsse
- 250 ml Bananennektar
- 1 Pckg. Gelierzucker 1:3 oder 1:2

Für 6 Gläser ▪ Zubereitungszeit: ca. 25 Min.
Pro Portion: 655,3 kcal ▪ 12,7 g Fett ▪ 44,7 g KH ▪ 17,4 % kcal aus Fett

1 Die Bananen mit einer Gabel zerdrücken, Kakao oder Schokosirup, Vanillinzucker, Nüsse und Bananennektar hinzufügen.

2 Den Aufstrich nach Packungsanleitung mit dem Gelierzucker zubereiten. In Twist-off-Gläschen füllen. Die Gläser nach dem Öffnen im Kühlschrank aufbewahren.

TIPP: Den Aufstrich mit Gelfix super von Dr. Oetker und Süßstoff statt Gelierzucker zubereiten und nach Geschmack Zimt, Rosinen und Lebkuchengewürz zufügen.

Leos Hähnchenburger mit Pfirsichspalten

- 1 Dose Pfirsiche (825 g)
- 600 g Hähnchenbrustfilet
- Salz, Pfeffer
- 1 Prise Curry
- 1 EL Sonnenblumenöl
- 4 Roggenbaguette-Brötchen
- 200 g Buttermilch-Frischkäse
- 8 Salatblätter

Für 4 Personen ■ Zubereitungszeit: ca. 15 Min.
Pro Portion: 502 kcal ■ 9 g Fett ■ 54 g KH ■ 16 % kcal aus Fett

1 Die Pfirsiche abtropfen lassen und in Scheiben schneiden.

2 Das Hähnchenbrustfilet waschen, trockentupfen und mit Salz, Pfeffer und Curry würzen. In einer Pfanne Sonnenblumenöl heiß werden lassen. Das Hähnchenfleisch darin anbraten. Aus der Pfanne nehmen, erkalten lassen und in schräge Streifen schneiden.

3 Die Roggenbaguette-Brötchen der Länge nach halbieren und mit dem Buttermilch-Frischkäse bestreichen. Die Salatblätter waschen und auf die Hälften legen. Die Geflügelstreifen und die Pfirsichspalten abwechselnd auf die Salatblätter geben und einen Hauch Curry darüber streuen.

Nicos Putenschnitzel im Brötchen

- 1/2 Gewürzgurke
- 1 EL Aprikosenkonfitüre
- Cayennepfeffer
- 8 Salatblätter
- 4 Brötchen
- 4 Putenschnitzel (à 120 g)
- Pfeffer
- 1 EL Öl
- Salz

Für 4 Stück ■ Zubereitungszeit: ca. 20 Min.
Pro Portion: 289 kcal ■ 4,5 g Fett ■ 28,3 g KH ■ 14 % kcal aus Fett

1 Die Gurke in feine Würfel schneiden. Die Konfitüre erhitzen, mit Cayennepfeffer und 1 bis 2 Esslöffeln Gurkensud süßscharf abschmecken und die Gurkenwürfelchen untermischen.

2 Die Salatblätter waschen und trockentupfen. Die Brötchen waagerecht halbieren.

3 Die Schnitzel abspülen, trockentupfen und mit Pfeffer würzen. In einer beschichteten Pfanne das Öl erhitzen und die Schnitzel auf jeder Seite 3 bis 4 Minuten braten. Danach salzen.

4 Die Schnitzel und die Brötchendeckel mit der Aprikosensauce bestreichen. Die unteren Brötchenhälften mit je zwei Salatblättern belegen und ein Schnitzel darauf geben, den Deckel aufsetzen.

Pizzawaffeln

Für ca. 8 Stück ■ Zubereitungszeit: ca. 30 Min.
Pro Portion: 270,6 kcal ■ 8,9 g Fett ■ 29,9 g KH ■ 29,6 % kcal aus Fett

1 Margarine, Ei, Mehl, Backpulver, Milch und Salz zu einem Waffelteig verarbeiten, etwas Fett zum Ausbacken aufheben.

2 Die Paprika waschen, Kerne und weiße Innenhaut entfernen. Paprika und Schinken in Würfel schneiden, den Käse reiben und alles unter den Waffelteig mischen.

3 Das Waffeleisen dünn mit der übrigen Margarine einfetten und die Waffeln darin nacheinander ausbacken. Jeweils etwas Waffelteig in die Mitte des Eisens geben und den Deckel vorsichtig schließen.

TIPP: Dazu schmeckt Tomatensauce.

75 g Halbfettmargarine
1 Ei, 300 g Mehl
1/2 Päck. Backpulver
1/4 l Milch (1,5 % F.)
1 Prise Salz
1–2 Paprikaschoten
100 g gekochter Schinken ohne Fettrand
100 g Edamer (40 % F.)
100 g Mais

Rohkostteller mit Kräuter-Quark-Dip

Für 4 Personen ■ Zubereitungszeit: ca. 15 Min.
Pro Portion: 97 kcal ■ 0,75 g Fett ■ 7,5 g KH ■ 6,9 % kcal aus Fett

1 Die Radieschen waschen und putzen. Die Paprikaschoten waschen, Kerne und weiße Innenhaut entfernen, das Fruchtfleisch in Streifen schneiden. Die Kohlrabi und die Möhren putzen, waschen, schälen und in Streifen schneiden. Das Gemüse auf einem großen Teller anrichten.

2 Den Quark mit dem Mineralwasser cremig aufschlagen, mit Salz und Pfeffer würzen, die Kräuter und die Knoblauchzehe untermengen. Den Dip zum Rohkostteller reichen.

Für den Rohkostteller
1 Bund Radieschen
je 1 rote und gelbe Paprikaschote
2 Kohlrabi
1 Bund Möhren

Für den Kräuter-Quark-Dip
250 g Quark
2 EL Mineralwasser
Salz, Pfeffer
2 EL Schnittlauchröllchen
je 1 gehäufter EL Petersilie und Dill
1 zerdrückte Knoblauchzehe

Drinks & Shakes

Rosa Wolke Eis-Shake (im Foto unten)

Für 6 Gläser ■ Zubereitungszeit: ca. 10 Min.
Pro Glas: 186 kcal ■ 5 g Fett ■ 21 g KH ■ 24,2 % kcal aus Fett

- 300 g frische oder TK-Himbeeren
- 1 Päck. Vanillinzucker
- 1 EL Zitronensaft
- 1 Pckg. Vanilleeis (500 ml)
- 500 g Dickmilch (1,5 % F.)
- 2 EL Kokosraspel
- einige Melonenschnitze zum Garnieren

1 Die Himbeeren, bis auf ein paar zur Dekoration, mit dem Vanillinzucker und dem Zitronensaft pürieren. Das Vanilleeis und die Dickmilch untermixen.

2 Die Gläser mit dem Rand in Wasser tunken und anschließend in Kokosraspel tauchen.

3 Den Eis-Shake in die vorbereiteten Gläser füllen, mit den restlichen Himbeeren und den Melonenschnitzen garnieren und sofort servieren.

TIPP: Für einen Milchshake benötigt man 150 Milliliter Milch (1,5 % F.), Dickmilch, Joghurt oder Buttermilch, 100 Gramm reifes Fruchtfleisch wie Pfirsich, Aprikose und Banane, alle Beerensorten außer Stachelbeeren, etwas Süßstoff, Zucker oder Puderzucker, Honig, Ahornsirup oder Apfeldicksaft (Reformhaus). Als Extra gibt 1 Schuss Frucht- oder Gemüsesaft mehr Vitamine und Aroma, 1 Esslöffel Weizenkeime oder Instant-Haferflocken liefert Ballaststoffe, 1 Esslöffel Nüsse, Mandeln oder Kokosraspel sorgt für mehr Mineralstoffe.

Halloween-Drink (im Foto oben)

Für 1 Glas ■ Zubereitungszeit: ca. 5 Min.
Pro Glas: 141 kcal ■ 0,5 g Fett ■ 3 g KH ■ 1,5 % kcal aus Fett

- 30 ml Blue Curaçao ohne Alkohol
- 100 ml Orangensaft (z. B. Direktsaft von Paradise Fresh)
- 1 Zitronenscheibe zum Garnieren
- 1 Stück Melone zum Garnieren

Außerdem

- Eiswürfel
- Strohhalm

1 Den Blue Curaçao in ein Glas geben und mit ganzen Eiswürfeln auffüllen.

2 Den Orangensaft langsam und vorsichtig so über die Eiswürfel gießen, dass der Saft nicht mit dem Blue Curaçao vermischt wird.

3 Das Obst auf den Glasrand stecken und mit einem Strohhalm servieren.

TIPP: Statt Blue Curaçao ohne Alkohol können Sie auch Zuckersirup mit blauer Speisefarbe einfärben.

Kinder-Caipirinha

Für 1 Glas ■ Zubereitungszeit: ca. 5 Min.
Pro Glas: 185 kcal ■ 2 g Fett ■ 41 g KH ■ 7,4 % kcal aus Fett

1 Limette

3–4 TL brauner Rohrzucker

100 ml Orangensaft (z. B. Direktsaft von Paradise Fresh)

Ginger Ale

Außerdem

Holzstößel

zerstoßenes Eis

Strohhalm

1 Die Limette mit dem Messer in Achtel schneiden, in ein großes Glas (mindestens 250 Milliliter) geben und den Rohrzucker darüber streuen. Mit einem Holzstößel beides feste und drehend-drückend vermengen.

2 Das Glas zur Hälfte mit zerstoßenem Eis füllen, den Orangensaft darüber gießen und mit Ginger Ale auffüllen. Mit Strohhalm servieren.

TIPP: Zerstoßenes Eis stellt man am besten mit einem Eiscrusher her. Notfalls kann man aber auch Eiswürfel in ein Geschirrtuch einwickeln und dann mit einem Hammer darauf schlagen. Die Strohhalme sollten einen breiteren Durchmesser haben, um auch Zucker oder kleinere Eisstückchen aufzunehmen.

Orangen-Eistee

Für 1 Person ■ Zubereitungszeit: ca. 5 Min. ■ plus Kühlzeit
Pro Portion: 46 kcal ■ 0 g Fett ■ 9 g KH ■ 3,9 % kcal aus Fett

1/2–1 TL Früchtetee

100 ml Orangensaft (z. B. Direktsaft von Paradise Fresh)

2 EL zerstoßenes Eis

1 Den Früchtetee mit 100 Milliliter kochendem Wasser übergießen, etwa 5 bis 8 Minuten ziehen lassen und kühl stellen.

2 Den kalten Früchtetee, den Orangensaft und das Eis in ein großes Glas füllen.

Heißer Mandarinenpunsch

Für 10 Gläser ■ Zubereitungszeit: ca. 15 Min. ■ Ziehzeit: ca. 15 Min.
Pro Glas: 63,4 kcal ■ 0,1 g Fett ■ 14,4 g KH ■ 1,4 % kcal aus Fett

4 EL Rotbuschtee

1 unbehandelte Zitrone

2 unbehandelte Orangen

1 Stange Zimt

6 Nelken

2 Dosen Mandarin-Orangen (à 175 g)

150 ml Grenadinesirup

1 Den Rotbuschtee mit 1 Liter kochendem Wasser übergießen und etwa 8 Minuten ziehen lassen.

2 Die Zitrone und 1 Orange heiß abwaschen und dünn abschälen. Die Früchte und die übrige Orange auspressen. Den Saft mit den Zitrusschalen, der Zimtstange und den Nelken zum Tee geben und bei geringer Hitze zugedeckt 15 Minuten ziehen lassen.

3 Die Mandarin-Orangen mit dem Saft und dem Grenadinesirup hinzufügen und heiß werden lassen. Zum Servieren die Schalen und die Gewürze wieder entfernen.

Kirschpunsch

Für 6 Personen ■ Zubereitungszeit: ca. 15 Min.
Pro Portion: 94,3 kcal ■ 0,3 g Fett ■ 21,6 g KH ■ 2,9 % kcal aus Fett

2–3 EL Früchtetee mit Kirschgeschmack

1 Stange Zimt

2–3 Nelken

3 EL Kirschsirup

1 Glas ungesüßte Kirschen

1 Dose ungesüßte Mandarinen

ca. 1 TL brauner Kandis pro Tasse oder etwas Süßstoff

1 Den Früchtetee mit 1/2 Liter kochendem Wasser übergießen, Zimt und Nelken dazugeben und etwa 8 Minuten ziehen lassen.

2 Die Gewürze entfernen, den Kirschsirup, die Kirschen und die Mandarinen mit dem Saft dazugeben. Den Punsch noch einmal erhitzen, aber nicht mehr kochen.

3 In ein feuerfestes Punschgefäß abgießen und nach Belieben süßen.

Salate & Suppen

Bunter Nudelsalat (Foto)

500 g Nudeln, z. B. Farfalle
Salz
2 Bund Radieschen
1 Dose Mais (425 ml)
1 kleiner Eisbergsalat
50 g Mayonnaise (50 % F.)
300 g Joghurt
weißer Pfeffer
2–3 EL Zitronensaft

Für 4 Personen ■ Zubereitungszeit: ca. 20 Min. ■ Ziehzeit: ca. 1–2 Std.
Pro Portion: 633 kcal ■ 9,5 g Fett ■ 114,5 g KH ■ 13,5 % kcal aus Fett

1 Die Nudeln in Salzwasser nach Packungsanleitung kochen. Abtropfen und abkühlen lassen.

2 Die Radieschen waschen, putzen und in Viertel schneiden. Den Mais abtropfen lassen. Den Eisbergsalat putzen, waschen und in grobe Streifen rupfen.

3 Die Mayonnaise und den Joghurt gut verrühren, mit Salz, Pfeffer und Zitronensaft würzen. Mit Radieschen und Mais mischen und zugedeckt 1 bis 2 Stunden ziehen lassen. Vor dem Servieren mit dem Eisbergsalat mischen und nochmals abschmecken.

Orangen-Nudel-Salat

3 Orangen (davon eine unbehandelt)
30 g brauner Zucker
500 ml Orangensaft (z. B. Direktsaft von Paradise Fresh)
Saft von 1/2 Zitrone
Salz
2–3 EL Himbeeressig
300 g Bandnudeln
40 g Pinienkerne
40 g Cashewnüsse
75 g Radicchio
1/2 Bund Basilikum

Für 4 Personen ■ Zubereitungszeit: ca. 30 Min.
Pro Portion: 491,8 kcal ■ 11,5 g Fett ■ 80,3 g KH ■ 21 % kcal aus Fett

1 Die unbehandelte Orange heiß abwaschen und die Schale mit einem Zestenreißer abziehen. Alle 3 Orangen so schälen, dass die weiße Haut mit entfernt wird. Die Filets zwischen den Trennhäuten herausschneiden.

2 Den Zucker in einer Pfanne hellbraun schmelzen lassen, von der Kochstelle ziehen und den Orangen- und Zitronensaft zugießen. Einkochen lassen, bis die Sauce sämig ist. Die Orangenschalen hinzufügen, kurz mitkochen, wieder herausnehmen und trockentupfen. Die Sauce mit Salz würzen und mit dem Essig süßsauer abschmecken.

3 Die Nudeln nach Packungsanleitung in Salzwasser bissfest kochen, abgießen und sofort mit der Orangensauce mischen. Abkühlen lassen.

4 Die Pinienkerne und die Cashewnüsse in einer Pfanne ohne Fett unter Rühren rösten. Radicchio und Basilikum abspülen, trockenschütteln. Den Salat in mundgerechte Stücke zupfen.

5 Radicchio, Basilikum und Orangenfilets unter die Nudeln mischen. Den Salat mit den gerösteten Kernen, Nüssen und den Orangenschalen bestreuen.

Blattsalat mit Kirschen und Melone

250 g Süßkirschen
100 g Feldsalat
1 kleiner Kopf Friséesalat
1 kleine Kantalup-Melone
4 Scheiben Vollkorntoastbrot
4–6 Salbeiblätter
2 EL Walnussöl
2 EL Apfelessig, 3 EL Apfelsaft
2 TL Dijon-Senf, Jodsalz
schwarzer Pfeffer

Für 4 Personen ■ Zubereitungszeit: ca. 20 Min.
Pro Portion: 194,5 kcal ■ 5,75 g Fett ■ 29,5 g KH ■ 26,6 % kcal aus Fett

1 Die Kirschen waschen, entstielen und entsteinen. Die Salate putzen, waschen, in mundgerechte Stücke zupfen und trockenschleudern. Die Melone in Viertel schneiden, entkernen, das Fruchtfleisch herausschneiden und in Spalten schneiden.

2 Das Toastbrot in kleine Würfel schneiden, den Salbei fein hacken. Eine beschichtete Pfanne mit wenig Öl ausreiben, erhitzen, die Brotwürfel und den Salbei darin rösten.

3 Das restliche Öl mit dem Essig, dem Saft und dem Senf kräftig verrühren, mit Salz und Pfeffer würzen. Alle Salatzutaten mischen, auf vier Teller verteilen, die Vinaigrette darüber geben und mit den Salbei-Croûtons bestreuen.

Reissalat mit Paprika und Mais

250 g Reis
500 g rote, gelbe und grüne Paprikaschoten
1 Dose Mais (340 ml)
150 g Magerjoghurt
2 EL Salatmayonnaise (50 % F.)
Salz
Pfeffer
1 TL Zitronensaft

Für 4 Personen ■ Zubereitungszeit: ca. 30 Min.
Pro Portion: 355,3 kcal ■ 4,5 g Fett ■ 69,3 g KH ■ 11,4 % kcal aus Fett

1 Den Reis nach Packungsanleitung kochen. Die Paprika waschen, putzen, Kerne und weiße Innenhaut entfernen und in feine Würfel schneiden. Den Mais abtropfen lassen.

2 Abgetropften Reis, Paprikawürfel, Mais und Joghurt in einer großen Schüssel mischen und mit Salz, Pfeffer und Zitronensaft abschmecken.

Salat-Dressings

Tonis Dressing

150 g Joghurt (1,5 % F.)

1 TL mittelscharfer Senf

1 TL Aceto balsamico

Salz

Pfeffer

frische oder getrocknete Kräuter

evtl. 1/2 zerdrückte Knoblauchzehe

Honig-Dressing

150 g Joghurt (1,5 % F.)

1 TL süßer Senf

1 TL Aceto balsamico

Salz

Pfeffer

1 TL flüssiger Honig

Thousand Islands

150 g Joghurt (1,5 % F.)

1 EL Aceto balsamico

Salz

Pfeffer

2 EL Tomatenketchup

1 kleine, fein gewürfelte Gewürzgurke

1/4 rote, fein gewürfelte Paprikaschote

TIPP: Mit 100 Gramm Magerquark und 1 Teelöffel Senf zusätzlich ergibt das Dressing schnell ein Dip, dass zu Kartoffeln und Gegrilltem passt.

Orangen-Dressing

2 frisch gepresste Orangen

Salz

Pfeffer

evtl. 1/2 zerdrückte Knoblauchzehe

frische oder getrocknete Kräuter

Alle Dressings werden nach dem gleichen Prinzip zubereitet. Sie sind schnell fertig und passen zu allen Blattsalaten bzw. Salatmischungen aus Nudeln oder Reis mit Gemüse, wie z.B. Mais, Paprika, Gurken, Stangensellerie, Möhren oder einem anderen Lieblingsgemüse.

Und so wird das Dressing gerührt: Eine große Salatschüssel bereit stellen und die Zutaten darin nacheinander mit einem Schneebesen verrühren. Die Kräuter können tiefgefroren dazugegeben werden. Statt Aceto balsamico kann man auch Weinessig verwenden, er schmeckt etwas weniger intensiv. Salz und Pfeffer kommt natürlich nach Belieben ans Dressing.

Nach dem Dressing kommen die gewaschenen bzw. geputzten und zerkleinerten Salatzutaten in die Schüssel. Nun noch ein paar Mal gut umgerührt – und schon ist der LOW FETT 30-Salat fertig ...

Gnocchi-Salat (Foto)

- je 2 rote und gelbe Paprikaschoten
- 1 Zwiebel
- 1 TL Sonnenblumenöl
- 1 TL Olivenöl
- 100 ml Gemüsebrühe
- 1 Bund Schnittlauch
- 400 g Gnocchi (Fertigprodukt)
- 2 EL Balsamico bianco
- Pfeffer

Für 4 Personen ■ Zubereitungszeit: ca. 20 Min.
Pro Portion: 346,5 kcal ■ 3,7 g Fett ■ 70,5 g KH ■ 9,6 % kcal aus Fett

1 Die Paprikaschoten waschen, putzen, Kerne und weiße Innenhaut entfernen. Die Zwiebel abziehen. Paprika und Zwiebel in Würfel schneiden.

2 In einer beschichteten Pfanne das Öl heiß werden lassen und Paprikaschoten und Zwiebel unter Rühren kurz dünsten. Die Gemüsebrühe hinzufügen und zugedeckt 2 Minuten garen.

3 Den Schnittlauch waschen, trockentupfen und in Röllchen schneiden.

4 Die Gnocchi nach Packungsanleitung zubereiten, gut abtropfen lassen und mit dem Gemüse in einer Schüssel mischen. Den Essig hinzufügen, mit Pfeffer würzen, abschmecken und mit dem Schnittlauch bestreuen.

Roberts feiner Kartoffelsalat

- 500 g Kartoffeln
- 1 Zwiebel
- 1 säuerlicher Apfel
- 2 Gewürzgurken
- 2 EL flüssiger Würzfond Gemüse
- 4 EL Essig
- Pfeffer
- 1 Ei
- 2 TL scharfer Senf
- 1 EL Sonnenblumenöl
- 3 EL Milch (1,5 % F.)
- 1 kleiner Kopfsalat
- 1 EL Schnittlauchröllchen

Für 4 Personen ■ Zubereitungszeit: ca. 30 Min. ■ Ziehzeit: ca. 1 Std.
Pro Portion: 172 kcal ■ 5 g Fett ■ 24,5 g KH ■ 26 % kcal aus Fett

1 Die Kartoffeln waschen, in der Schale weich kochen, pellen und in 1/2 Zentimeter dicke Scheiben schneiden. Die Zwiebel abziehen, halbieren und in Ringe schneiden.

2 Den Apfel waschen, schälen, halbieren, das Kerngehäuse entfernen und in Würfel schneiden. Die Gurken in Scheiben schneiden. Kartoffeln, Apfel und Gurken mischen.

3 In einem Topf 100 Milliliter Wasser mit den Zwiebelringen zum Kochen bringen. Würzfond und 2 Esslöffel Essig hinzufügen und über die Kartoffelmischung geben. Mit Pfeffer würzen und abschmecken. Abkühlen lassen.

4 Das Ei hart kochen, pellen und halbieren. In einer Schüssel das Eigelb mit einer Gabel zerdrücken und mit restlichem Essig, Senf, Sonnenblumenöl und Milch vermengen, mit Pfeffer würzen und abschmecken. Das Dressing unter den Salat mischen und etwa 1 Stunde ziehen lassen.

5 Den Kopfsalat putzen, waschen, trockenschleudern und grob zerpflücken. Eine Schüssel mit den Salatblättern auslegen und den Kartoffelsalat darauf anrichten. Das Eiweiß in Würfel schneiden. Den Salat mit den Eiweißwürfeln und Schnittlauchröllchen garniert servieren.

Apfel-Tomatencreme-Suppe

- 2 Zwiebeln
- 2 kleine Äpfel
- 1 TL Zitronensaft
- 1 TL Olivenöl
- 150 ml Apfelsaft
- 200 ml Gemüsebrühe
- 1 Pckg. stückige Tomaten (500 g)
- 1 Zweig Thymian
- 50 ml Kaffeesahne (4 % F.)
- Salz, Pfeffer
- einige Blätter Basilikum zum Garnieren

Für 4 Personen ■ Zubereitungszeit: ca. 30 Min.
Pro Portion: 96,7 kcal ■ 1,2 g Fett ■ 11 g KH ■ 11,2 % kcal aus Fett

1 Die Zwiebeln abziehen und fein hacken. Die Äpfel waschen, halbieren und entkernen. 1 Apfel schälen und in feine Würfel schneiden, den anderen in dünne Spalten schneiden und mit Zitronensaft beträufeln, damit sie nicht braun werden.

2 Das Öl erhitzen, die Apfel- und Zwiebelwürfel unter Rühren darin andünsten. Den Apfelsaft und die Brühe dazugießen, aufkochen und die Suppe etwa 10 Minuten bei schwacher Hitze kochen. Die Tomaten und den Thymianzweig hinzufügen und alles noch 5 Minuten garen.

3 Den Thymianzweig entfernen, die Suppe mit dem Stabmixer pürieren. Die Sahne unterrühren und die Suppe mit Salz und Pfeffer abschmecken.

4 Zum Servieren die Apfelspalten fächerförmig auf vier Teller verteilen, die Suppe darum herum gießen und mit den Basilikumblättern garnieren.

Halloween-Suppe

- 600 g mehlig kochende Kartoffeln
- 400 g Hokkaido-Kürbis (ohne Schale gewogen)
- 2 Zwiebeln
- 1 Knoblauchzehe
- 3 EL Sonnenblumenöl
- 1500 ml Gemüsebrühe
- 1 TL Curry
- 300 g Tomaten
- 25 g Kürbiskerne
- Salz, Pfeffer, Muskat
- 1 Prise Zucker
- 4 Baguette-Brötchen

Für 4 Personen ■ Zubereitungszeit: ca. 45 Min.
Pro Portion: 370 kcal ■ 12 g Fett ■ 53 g KH ■ 29 % kcal aus Fett

1 Die Kartoffeln schälen und in Viertel schneiden. Den Kürbis entkernen und in Würfel schneiden, die Zwiebeln und den Knoblauch abziehen und in feine Würfel schneiden.

2 Das Fett in einem großen Topf erhitzen und die Zwiebel- und Knoblauchwürfel andünsten. Die Kürbis- und Kartoffelstücke dazugeben und etwas mitbraten. Mit Gemüsebrühe aufgießen und kurz aufkochen. Den Curry hinzufügen und die Suppe zugedeckt etwa 15 Minuten bei schwacher Hitze kochen, bis das Gemüse weich ist. Das Gemüse mit dem Stabmixer pürieren.

3 Die Tomaten kreuzweise einschneiden, überbrühen, häuten, entkernen und in Würfel schneiden. Zur Suppe geben und alles noch ein paar Minuten ziehen lassen. Vor dem Servieren abschmecken.

4 Die Kürbiskerne in einer Pfanne ohne Fett etwa 3 Minuten leicht anrösten. Die Suppe auf vier Teller geben, die Kürbiskerne darüber streuen und mit den Baguette-Brötchen servieren.

Tomatensuppe mit Reis

Für 4 Personen ▪ Zubereitungszeit: ca. 30 Min.
Pro Portion: 286 kcal ▪ 5 g Fett ▪ 40 g KH ▪ 16 % kcal aus Fett

2 Zwiebeln, 1 EL Olivenöl
250 g Tatar (gemischtes Hackfleisch)
150 g Reis, 1 l Tomatensaft
1 Dose Tomaten (285 g)
Salz, Pfeffer, 1 TL Kümmel
je 1 Prise Zucker und Cayennepfeffer
2 EL geh. Petersilie

1 Die Zwiebeln abziehen, in Würfel schneiden und im heißen Öl glasig dünsten. Das Tatar und den Reis hinzufügen und unter Wenden etwa 3 Minuten anbraten. Den Tomatensaft und die Tomaten unterrühren, mit Salz und Pfeffer würzen und alles zugedeckt bei schwacher Hitze 20 Minuten kochen.

2 Zum Schluss die Suppe mit Kümmel, Zucker und Cayennepfeffer abschmecken und mit der Petersilie bestreut servieren.

Würziger Reistopf

Für 4 Portionen ▪ Zubereitungszeit: ca. 50 Min.
Pro Portion: 282 kcal ▪ 3,5 g Fett ▪ 40 g KH ▪ 11,2 % kcal aus Fett

150 g Langkornreis, Salz
200 g Zwiebeln
2 Knoblauchzehen
je 1 kleine rote, gelbe und grüne Paprikaschote
200 g gekochter Schinken
1/2 Bund Frühlingszwiebeln
1 EL Halbfettmagarine
800 ml kräftige Rinderbrühe
1 Lorbeerblatt
je 1 TL Cayennepfeffer, Thymian und Oregano
je 1/2 TL Paprikapulver und gemahlener Zimt
2 zerstoßene Pimentkörner
1 Pckg. stückige Tomaten (500 g)

1 Den Reis in kochendem Salzwasser nach Packungsanleitung garen.

2 Inzwischen die Zwiebeln und den Knoblauch abziehen. Zwiebeln in mittelfeine, Knoblauch in feine Würfel schneiden. Die Paprika waschen, mit dem Sparschäler schälen und in 2 Zentimeter große Würfel schneiden, Kerne und Innenhäute entfernen. Den Schinken in 2 Zentimeter große Würfel teilen. Die Frühlingszwiebeln putzen, waschen und in Ringe schneiden.

3 Die Margarine in einer beschichteten Pfanne erhitzen. Die Zwiebeln und den Knoblauch darin andünsten. Schinken und Paprika dazugeben und unter Rühren anbraten. Mit der Brühe ablöschen und alle Gewürze sowie die Tomatenstücke hinzufügen. Den Eintopf bei mittlerer Hitze zugedeckt in etwa 12 Minuten garen.

4 Den Reis zum Eintopf geben und darin heiß werden lassen. Kurz vor dem Servieren die Frühlingszwiebeln untermischen.

Mit Nudeln, Reis & Co.

Nudeln mit Gemüsesauce

- 1 Aubergine, 1 Zucchini
- 3 Zwiebeln
- 250 g Champignons
- 1 EL Öl
- 1 Dose Tomaten (425 ml)
- 1 Würfel gekörnte Gemüsebrühe
- 1 Prise Zucker
- 400 g Nudeln, z. B. Penne
- 4 EL frisch geriebener Parmesankäse

Für 4 Personen ▪ Zubereitungszeit: ca. 30 Min.
Pro Portion: 495,5 kcal ▪ 7,5 g Fett ▪ 84,8 g KH ▪ 13,2 % kcal aus Fett

1 Die Aubergine, Zucchini und Zwiebeln waschen, putzen und in Würfel schneiden. Die Champignons putzen und in Viertel schneiden.

2 In einer beschichteten Pfanne das Öl heiß werden lassen und das Gemüse 10 Minuten darin dünsten. Die Tomaten mit Saft hinzufügen, den Brühwürfel darin auflösen und zugedeckt etwa 5 Minuten garen. Mit Zucker würzen und abschmecken.

3 Die Nudeln nach Packungsanleitung in reichlich Salzwasser zubereiten, auf Tellern mit der Gemüsesauce anrichten und mit Parmesan bestreuen.

TIPP: Sie können das Gericht ebenso mit Möhren, Erbsen und Schinkenstücken zubereiten. Statt der Dosentomaten geben Sie 150 Milliliter Wasser dazu und lösen den Brühwürfel darin auf.

Bunte Gemüsespaghetti mit Petersiliensauce

- 300 g Möhren, 300 g Zucchini
- 2 TL gekörnte Gemüsebrühe
- 1 EL Olivenöl
- 250 g Spaghetti
- 2 kleine Zwiebeln
- 50 ml Kaffeesahne (4 % F.)
- 1 Päck. helle Sauce Holländische Art
- 1 Ecke Schmelzkäse (62,5 g; 30 % F.)
- 1/2 Bund Petersilie
- 1 TL Zitronensaft, Pfeffer

Für 4 Personen ▪ Zubereitungszeit: ca. 40 Min.
Pro Portion: 379 kcal ▪ 9,5 g Fett ▪ 58 g KH ▪ 22,5 % kcal aus Fett

1 Die Möhren waschen und putzen bzw. schälen. Die Zucchini waschen und putzen. Beides in lange, dünne Streifen schneiden, die wie Spaghetti aussehen.

2 In einem Topf 2 Liter Wasser mit der Brühe und dem Öl zum Kochen bringen. Die Spaghetti zusammen mit den Gemüsestreifen etwa 6 Minuten kochen, abgießen, das Kochwasser dabei auffangen.

3 Die Zwiebeln abziehen und in kleine Würfel schneiden. In einem Topf 2 Esslöffel Kochwasser heiß werden lassen und die Zwiebelwürfel darin andünsten. Die Sahne und 200 Milliliter Kochwasser zugießen. Helle Sauce einrühren und aufkochen. Den Schmelzkäse darin schmelzen.

4 Die Petersilie waschen und fein hacken. Einige Blätter für die Garnitur zur Seite legen. Petersilie in die Sauce geben, mit dem Stabmixer pürieren, mit Zitronensaft und Pfeffer würzen und abschmecken.

5 Die Gemüsespaghetti mit der Sauce servieren und mit den übrigen Petersilienblättern garnieren.

Knuspernudelauflauf mit Gemüse

400 g kurze Makkaroni-Nudeln, Salz
300 g Brokkoli
1 Stange Lauch
200 g Möhren
500 ml Gemüsebrühe
400 ml Milch (1,5 % F.)
2 Eier
25 g kernige Haferflocken
1 EL TK-Kräuter Provence
Pfeffer, Muskat
100 g geriebener Edamer (30 % F.)
150 g gekochter Schinken ohne Fettrand
etwas Halbfettmargarine
2 EL Paniermehl

Für 4 Personen ▪ Zubereitungszeit: ca. 25 Min. ▪ Backzeit: ca. 45 Min.
Pro Portion: 673,3 kcal ▪ 12,2 g Fett ▪ 96,3 g KH ▪ 16,3 % kcal aus Fett

1 Die Nudeln nach Packungsanleitung in reichlich Salzwasser bissfest kochen.

2 Das Gemüse waschen und putzen bzw. schälen. Den Brokkoli in Röschen teilen, den Lauch in Ringe und die Möhren in Scheiben schneiden. Die Gemüsebrühe erhitzen, die Möhren hinzufügen und 10 Minuten kochen. Nach der halben Garzeit das restliche Gemüse dazugeben, garen und in einem Sieb abtropfen lassen.

3 Milch, Eier, Haferflocken, Kräuter, Salz, Pfeffer, Muskat und 2 Esslöffel Käse verquirlen. Den Schinken in Würfel schneiden. Den Backofen auf 200 °C vorheizen.

4 Eine große, hohe Auflaufform mit der Margarine auspinseln. Eine Lage Nudeln in die Form geben, die Hälfte des Schinkens und 2 Esslöffel Käseraspel darüber streuen. Das Gemüse darauf verteilen und den restlichen Kochschinken darauf legen. Die übrigen Nudeln darauf schichten. Die Eiermilch über die Nudeln gießen, den restlichen Käse mit dem Paniermehl mischen und darüber streuen.

5 Im Backofen etwa 45 Minuten überbacken. Wenn der Auflauf zu stark bräunt, mit Alufolie abdecken.

Spinat-Lasagne

2 EL Halbfettmargarine
2 EL Mehl
500 ml Gemüsebrühe
250 ml Milch (1,5 % F.)
Salz, Pfeffer, Muskat
750 g Blattspinat
1 Zwiebel
1 Knoblauchzehe
1 EL Olivenöl
6 Tomaten
400 g Lasagneblätter
50 g geriebener Parmesankäse

Für 4 Personen ▪ Zubereitungszeit: ca. 40 Min. ▪ Backzeit: ca. 30 Min.
Pro Portion: 568,5 kcal ▪ 10,7 g Fett ▪ 90,2 g KH ▪ 16,9 % kcal aus Fett

1 Für die Béchamelsauce die Margarine erhitzen, das Mehl darüber stäuben und unter Rühren anschwitzen. Mit der Brühe und der Milch ablöschen, aufkochen, mit Salz, Pfeffer und Muskat kräftig würzen.

2 Den Spinat waschen und putzen. Die Zwiebel und den Knoblauch abziehen, fein hacken und im heißen Öl andünsten. Abgetropften Spinat hinzufügen und 2 Minuten zugedeckt garen. Den Spinat abtropfen lassen, salzen und pfeffern. Den Backofen auf 200 °C vorheizen.

3 Die Tomaten waschen, Stielansätze entfernen und Früchte in Scheiben schneiden. Die Béchamelsauce, die Lasagneblätter, den Spinat und die Tomaten abwechselnd in eine Auflaufform schichten. Mit der Sauce abschließen, mit Parmesankäse bestreuen und etwa 30 Minuten überbacken.

TIPP: Bei Verwendung von TK-Blattspinat benötigen Sie nur 450 Gramm, in wenig Flüssigkeit aufgetaut.

Grießklöße in Tomatensauce

Für 4 Personen ■ Zubereitungszeit: ca. 40 Min.
Pro Portion: 384,3 kcal ■ 12,5 g Fett ■ 57,5 g KH ■ 29,3 % kcal aus Fett

- 500 ml Milch (1,5 % F.)
- Salz
- 200 g Hartweizengrieß
- 3 Eier
- Pfeffer, Muskat
- 2 Scheiben Toastbrot
- 2 Zwiebeln
- 2 Knoblauchzehen
- 1 kleine Zucchini
- 1 gelbe Paprikaschote
- 1 Pckg. stückige Tomaten mit Kräutern (500g)
- Zucker
- Chilipulver, Paprikapulver

1 Die Milch mit etwas Salz zum Kochen bringen. Den Topf vom Herd nehmen, den Grieß unter ständigem Rühren einrieseln lassen und weiterrühren, bis sich die Masse als Kloß vom Topfboden löst. Abkühlen lassen. Mit dem Knethaken des Handrührgeräts die Eier unter die Grießmasse arbeiten und mit Pfeffer und Muskat würzen.

2 Das Toastbrot entrinden, in Würfel schneiden und ohne Fett in einer beschichteten Pfanne rösten.

3 Aus dem Teig 8 Klöße formen und in jeden einige Brotwürfel füllen. Die Klöße in kochendem Salzwasser 10 bis 15 Minuten ziehen lassen.

4 Die Zwiebeln und den Knoblauch abziehen, fein hacken, in etwas Wasser andünsten. Das restliche Gemüse in kleine Würfel schneiden und mitdünsten. Die Tomaten hinzufügen, aufkochen lassen und mit Zucker und Gewürzen abschmecken.

5 Die Klöße mit der Tomatensauce servieren, die übrigen Brotwürfel darüber streuen.

Grünkernfrikadellen

Für 4 Personen ■ Zubereitungszeit: ca. 30 Min.
Pro Portion: 318,5 kcal ■ 10,1 g Fett ■ 40,4 g KH ■ 28,5 % kcal aus Fett

- 200 g Grünkern
- 1 Stange Lauch
- 2 EL gekörnte Brühe
- frisches oder getrocknetes Basilikum
- 1 Msp. schwarzer Pfeffer
- 1 kleine Zwiebel
- 1/2 Bund Petersilie
- 2 Eier
- Paniermehl
- 1 EL Sonnenblumenöl

1 Den Grünkern mittelgrob bis grob schroten. Den Lauch putzen, waschen und in Ringe schneiden. Beides zusammen mit Brühe, Basilikum und Pfeffer in einen Topf mit 1/2 Liter Wasser geben und 5 bis 10 Minuten kochen lassen, dabei gelegentlich umrühren.

2 Inzwischen die Zwiebel abziehen und in Würfel schneiden, die Petersilie waschen und fein hacken. Eier, Paniermehl, Zwiebel und Petersilie zu dem Schrotbrei geben und alles gründlich mischen.

3 Das Öl in einer beschichteten Pfanne erhitzen. Mit nassen Händen aus dem Teig Frikadellen formen und im heißen Fett etwa 10 Minuten bei nicht zu starker Hitze zugedeckt braten, wenden und in knapp 10 Minuten fertig braten.

Drachenfutter (Foto)

- 1 rote Paprikaschote
- 1 EL Mineralwasser
- 125 g Langkornreis
- 1 TL Salz
- 1 EL Sonnenblumenöl
- 200 g Tatar (gemischtes Hackfleisch)
- 1 Msp. Pfeffer
- 1 TL Paprikapulver
- 1 geh. TL Kräuterjodsalz
- 2 EL Tomatenmark
- 2 EL Tomatenketchup

Für 2 Personen ■ Zubereitungszeit: ca. 30 Min.
Pro Portion: 253,1 kcal ■ 8,1 g Fett ■ 19,3 g KH ■ 28,8 % kcal aus Fett

1 Die Paprika waschen und in Viertel schneiden. Weiße Innenhäute und Kerne herauslösen. Aus dem Fruchtfleisch 8 Dreiecke für Nessies Drachenrücken schneiden. Die restliche Paprika in kleine Würfel schneiden und davon 3 Esslöffel für die Sauce beiseite legen.

2 Die Paprikawürfel im Mineralwasser andünsten, den Reis dazugeben. 1/4 Liter Wasser zugießen und Salz hineinstreuen. Den Reis aufkochen und bei schwacher Hitze etwa 20 Minuten quellen lassen.

3 Das Öl in einer beschichteten Pfanne erhitzen und das Tatar rundum kräftig anbraten, bis es bröselig ist. Paprikawürfel, Pfeffer, Paprikapulver und Kräutersalz dazugeben. Wenn alles braun ist, 150 Milliliter Wasser hinzugeben, aufkochen lassen und den Herd auf mittlere Hitze schalten. Tomatenmark und Ketchup zum Fleisch geben. Die Flüssigkeit kochen lassen, bis die Sauce etwas eingedickt ist.

4 Eine kleine Schale mit kaltem Wasser ausspülen und die Hälfte vom Paprikareis hineinfüllen. Den Reis mit einem Löffel zusammendrücken. Einen großen Teller auf die Schale legen, beides gut festhalten und wenden. Den Reisklops auf den Teller kippen. 4 Paprikadreiecke als Nessies Rücken hineinstecken. Die Hälfte der Sauce darum herum verteilen. Die zweite Portion genauso herrichten.

Kartoffelcurry mit Zucchini und Tomaten

- 3 Zucchini (500 g)
- 300 g Tomaten, 1 kg Kartoffeln
- 1 Gemüsezwiebel (200 g)
- 1 Knoblauchzehe, 20 g Ingwer
- 2 EL Sonnenblumenöl
- Salz, Pfeffer, 1 EL Currypulver
- 1 TL Kreuzkümmel
- 500 ml Gemüsebrühe
- 40 g geröstete Cashewkerne

Für 4 Personen ■ Zubereitungszeit: ca. 30 Min.
Pro Portion: 357 kcal ■ 11,5 g Fett ■ 51,8 g KH ■ 28,9 % kcal aus Fett

1 Die Zucchini waschen, putzen und in Würfel schneiden. Die Tomaten waschen und in Achtel schneiden. Die Kartoffeln waschen, schälen, die Zwiebel und den Knoblauch abziehen, alles in Würfel schneiden. Den Ingwer schälen und hacken.

2 Kartoffeln im heißen Fett anbraten. Knoblauch- und Zwiebelwürfel, Ingwer und Gewürze hinzufügen, mitbraten. Tomaten und Gemüsebrühe dazugeben, etwa 10 Minuten bei schwacher Hitze kochen, abschmecken. Mit Cashewkernen bestreuen.

Matildas Pfannkuchen gefüllt mit Kirschen und Quark

1 Glas ungesüßte Schattenmorellen
500 g Magerquark
2 EL Mineralwasser
1 Päck. Vanillinzucker
1 EL Zitronensaft
2 EL Zucker (alternativ Süßstoff)
4 Pfannkuchen zum Fertigbacken (z.B. von Sinnack)
Puderzucker zum Bestäuben

Für 4 Personen ▪ Zubereitungszeit: ca. 10 Min.
Pro Portion: 292 kcal ▪ 5,5 g Fett ▪ 42 g KH ▪ 17 % kcal aus Fett

1 Die Kirschen abtropfen lassen. Den Quark mit dem Mineralwasser, Vanillinzucker, Zitronensaft und Zucker oder Süßstoff cremig rühren.

2 Die Pfannkuchen im Backofen kurz erwärmen. Den Quark auf die Pfannkuchen streichen, die Kirschen darauf verteilen. Die Pfannkuchen zusammenrollen und mit Puderzucker bestäuben.

TIPP: Sie können die Pfannkuchen auch selber zubereiten. Dazu 2 Eier trennen, das Eigelb mit 100 Gramm Mehl, 150 Milliliter Buttermilch und 1 Prise Salz glatt rühren und 5 Minuten ausquellen lassen. 50 Milliliter Mineralwasser unterrühren. Eiweiß mit 1 Esslöffel Zucker zu steifem Schnee schlagen und unter den Teig ziehen. In jeweils 1 Teelöffel Öl nacheinander 4 Pfannkuchen backen.

Maiskolben à la Elsa

4 Kolben Zuckermais
Salz
etwas Öl zum Einfetten
2 EL Honig
1–2 TL Balsamico-Essig

Außerdem
4 Stück Alufolie

Für 4 Personen ▪ Zubereitungszeit: ca. 30 Min.
Pro Portion: 153,5 kcal ▪ 1,75 g Fett ▪ 29,75 g KH ▪ 10,3 % kcal aus Fett

1 Den Mais abspülen und in Salzwasser 10 Minuten kochen.

2 Die Alufolien in der Mitte leicht einfetten. Jeweils einen Maiskolben darauf legen und einwickeln. Auf dem Grill fertig garen, ab und zu wenden.

3 Den Honig mit dem Essig verrühren und die gegrillten Maiskolben damit bestreichen.

Süße Zucchinipuffer

Für 4 Personen ■ Zubereitungszeit: ca. 20 Min.
Pro Portion: 247 kcal ■ 4,5 g Fett ■ 34 g KH ■ 16 % kcal aus Fett

- 1 Zucchini (200 g)
- 1 Ei
- 250 g Magerquark
- 5 EL Paniermehl
- 1 Prise Salz
- 1 EL Sonnenblumenöl
- 4 EL Zucker

1 Die Zucchini waschen und raspeln, das Ei trennen. Den Quark mit Eigelb, Paniermehl und Salz verrühren. Eiweiß steif schlagen und unter die Quarkmasse heben.

2 In einer beschichteten Pfanne Sonnenblumenöl heiß werden lassen und aus dem Quarkteig kleine Puffer ausbacken. Die Zucchinipuffer mit dem Zucker bestreut servieren.

TIPP: Dazu empfehlen wir Apfelmus oder eine Joghurtsauce, mit Honig und Zitronensaft abgeschmeckt.

Quarkpüfferchen mit Apfelkompott

Für 4 Personen ■ Zubereitungszeit: ca. 35 Min.
Pro Portion: 399 kcal ■ 12,5 g Fett ■ 45 g KH ■ 28,2 % kcal aus Fett

- 1 kg Äpfel
- 1 unbehandelte Zitrone
- 40 g Rosinen
- 1 Stange Zimt
- 2 EL Zucker
- 3 Eier
- 1 EL Mineralwasser
- 200 g Magerquark
- 80 g Weizenkleie
- 1 Prise Salz
- 5 Tropfen Backöl Butter-Vanille-Aroma
- 2 EL Sonnenblumenöl
- 2 EL Johannisbeergelee

1 Die Äpfel waschen, halbieren und schälen. Das Kerngehäuse entfernen und die Früchte in dünne Spalten schneiden. Die Zitrone heiß abwaschen, die Schale dünn abschälen und den Saft auspressen.

2 Apfelspalten mit 100 Milliliter Wasser, Rosinen, Zimtstange, Zucker, Zitronensaft und -schale aufkochen lassen und zugedeckt etwa 5 Minuten bei schwacher Hitze dünsten. Die Zimtstange und die Zitronenschale entfernen.

3 Für die Puffer die Eier trennen. Eiweiß mit Mineralwasser steif schlagen. Eigelb, Quark, Weizenkleie, Salz und Aroma miteinander verrühren, den Eischnee unterheben.

4 In einer beschichteten Pfanne 1 Esslöffel Öl erhitzen und darin die Hälfte des Teiges in 6 kleinen Häufchen von beiden Seiten braun backen, je Seite etwa 3 Minuten. Mit dem restlichen Teig ebenso verfahren. Die Quarkpüfferchen mit dem Apfelkompott und Johannisbeergelee servieren.

Mit Fleisch & Fisch

Chicken-Nuggets (Foto)

Für 4 Personen ▪ Zubereitungszeit: ca. 10 Min. ▪ Backzeit: ca. 20 Min.
Pro Portion: 313,8 kcal ▪ 2,5 g Fett ▪ 19,5 g KH ▪ 7,2 % kcal aus Fett

- 800 g Hähnchen- oder Putenbrust
- Salz
- Pfeffer
- 150 g Joghurt (1,5 % F.)
- 1 EL Currypulver
- 1 TL edelsüßes Paprikapulver
- 100 g Paniermehl

1 Den Backofen auf 200 °C vorheizen. Das Fleisch in etwa 2 Zentimeter große Stücke schneiden, mit Salz und Pfeffer würzen. Den Joghurt mit Curry und Paprika verrühren, die Fleischstücke darin wenden und anschließend in Paniermehl wälzen.

2 Die Nuggets nebeneinander auf ein mit Backpapier ausgelegtes Backblech legen und etwa 20 Minuten backen. Nach 10 Minuten wenden, damit sie gleichmäßig braun werden.

Hähnchen-Apfel-Spieße

Für 4 Personen ▪ Zubereitungszeit: ca. 20 Min.
Pro Portion: 158 kcal ▪ 2,75 g Fett ▪ 10,5 g KH ▪ 15,6 % kcal aus Fett

- 350 g Hähnchenbrustfilet
- 2 Äpfel
- Salz
- Pfeffer
- 1 TL Sonnenblumenöl
- 1 Pckg. stückige Tomaten (500 g)
- 1 Prise Zucker

Außerdem

- 4 Spieße

1 Das Hähnchenbrustfilet in Würfel schneiden. Die Äpfel waschen, schälen, in Stücke schneiden und abwechselnd mit den Hähnchenwürfeln auf die Spieße stecken. Mit Salz und Pfeffer würzen.

2 In einer beschichteten Pfanne das Öl erhitzen und die Spieße darin von allen Seiten etwa 10 Minuten braten.

3 In einem Topf die Tomaten heiß werden lassen, mit Salz, Pfeffer und Zucker abschmecken und zu den Spießen servieren.

TIPP: Dazu schmeckt Basmati-Reis oder Bandnudeln

Putengeschnetzeltes in Orangensauce

- 400 g Tagliatelle
- Salz
- 600 g Putenschnitzel
- 200 g Möhren
- 1 EL Öl
- Pfeffer
- 1 EL Zucker
- 125 ml Brühe
- 100 ml Orangensaft
- abgeriebene Schale und Saft von 1 unbehandelten Limette
- 200 ml Milch (1,5 % F.)
- 2–3 EL Saucenbinder

Für 4 Personen ■ Zubereitungszeit: ca. 30 Min.
Pro Portion: 672 kcal ■ 13 g Fett ■ 93 g KH ■ 17 % kcal aus Fett

1 Die Nudeln nach Packungsanleitung in reichlich Salzwasser bissfest garen. Nach dem Kochen abtropfen lasssen und warm halten.

2 Die Putenschnitzel in Streifen schneiden, die Möhren waschen, putzen bzw. schälen und in Scheiben schneiden.

3 Das Öl in einer beschichteten Pfanne erhitzen, das Fleisch portionsweise anbraten. Mit Salz und Pfeffer würzen, herausnehmen, abdecken und warm stellen.

4 Den Zucker in das Bratfett streuen, karamellisieren, die Möhren hinzufügen und andünsten. Brühe, Orangensaft, abgeriebene Schale und Saft der Limette dazugeben und etwa 5 Minuten garen. Die Milch zugießen, den Saucenbinder einrühren und aufkochen. Das Putenfleisch hinzufügen und bei schwacher Hitze noch 4 bis 5 Minuten erwärmen.

5 Das Putengeschnetzelte in Orangensauce mit den gut abgetropften Nudeln servieren.

Putenrouladen Hawaii

- 400 g Putenbrust
- 80 g Schinken ohne Fettrand
- 4 Scheiben Emmentaler (à 20 g; 30 % F.)
- 1 Dose Ananasstücke (236 ml)
- 1 EL Sonnenblumenöl
- 1/2 Würfel gekörnte Fleischbrühe
- 4 EL Saucenbinder für dunkle Saucen
- 2 EL Kaffeesahne (4 % F.)
- Salz
- Pfeffer

Für 4 Personen ■ Zubereitungszeit: ca. 1 Std. 5 Min.
Pro Portion: 254 kcal ■ 8 g Fett ■ 10 g KH ■ 28,5 % kcal aus Fett

1 Die Putenbrust in 4 längliche Scheiben schneiden und etwas flach klopfen. Mit Schinken und Emmentaler belegen. Die Ananasstücke abtropfen lassen, die Hälfte auf den Rouladen verteilen und den Rest beiseite stellen. Die Rouladen aufrollen und mit Rouladennadeln feststecken.

2 In einer beschichteten Pfanne das Öl heiß werden lassen und die Rouladen darin von allen Seiten anbraten. 1/4 Liter Wasser zugießen, zum Kochen bringen und den Suppenwürfel darin auflösen. Die Rouladen im geschlossenen Topf etwa 20 Minuten bei mittlerer Hitze schmoren.

3 Die Rouladen aus der Sauce nehmen und warm stellen. Die Sauce durch ein Sieb streichen und mit etwa 150 Milliliter Wasser auf 1/2 Liter ergänzen. Den Saucenbinder unter Rühren einstreuen und aufkochen lassen. Die restlichen Ananasstücke dazugeben, heiß werden lassen, die Sahne unterrühren und abschmecken.

TIPP: Servieren Sie dazu Brokkoli und Salzkartoffeln.

Pute süßsauer mit buntem Gemüse

Für 4 Personen ■ Zubereitungszeit: ca. 20 Min. ■ Marinierzeit: ca. 30 Min.
Pro Portion: 227 kcal ■ 4,5 g Fett ■ 18 g KH ■ 17 % kcal aus Fett

400 g Putenbrust
2 EL Sojasauce
200 g Staudensellerie, 200 g Möhren
1 Bund Frühlingszwiebeln
je 1 gelbe und rote Paprikaschote
1 EL Sonnenblumenöl
1 Dose Ananas (285 g)
2 Würfel gekörnte Gemüsebrühe
100 ml Tomatenketchup
1–2 EL Saucenbinder
Ingwerpulver
2 EL Aceto Balsamico

1 Die Putenbrust in Würfel schneiden, in Sojasauce wenden und 30 Minuten marinieren. Das Gemüse putzen bzw. waschen, in Scheiben bzw. Streifen schneiden.

2 Das Öl im Wok oder einer großen Pfanne erhitzen, die Fleischwürfel unter Wenden darin anbraten. Herausnehmen und warm stellen.

3 Das Gemüse im Bratfett unter Rühren andünsten, Ananas mit Saft, Brühwürfeln und Ketchup hinzufügen. Aufkochen lassen, bei Bedarf etwas Wasser angießen, mit Saucenbinder andicken, mit Ingwerpulver und Essig würzen und abschmecken.

4 Das Fleisch untermischen und alles etwa 5 Minuten garen, sodass das Gemüse noch bissfest ist.

TIPP: Zu dieser asiatischen Puten-Gemüse-Pfanne passt am besten Basmati-Reis.

Putenspieße mit Paprika und Zucchini

Für 4 Personen ■ Zubereitungszeit: ca. 25 Min.
Pro Portion: 198,5 kcal ■ 4,5 g Fett ■ 10,5 g KH ■ 20,4 % kcal aus Fett

2 rote Paprikaschoten
2 Zucchini (à 150 g)
2 Zwiebeln
400 g Putenfilet
1 EL Sonnenblumenöl
Salz
Pfeffer

Außerdem
8 Holzspieße

1 Die Paprikaschoten und die Zucchini waschen und in Stücke schneiden, Kerne und weiße Innenhaut der Paprika entfernen. Die Zwiebeln abziehen und in Spalten schneiden. Das Putenfilet in etwa 3 mal 4 Zentimeter große Würfel schneiden.

2 Fleisch, Zwiebel, Paprika und Zucchini abwechselnd auf die leicht eingeölten Spieße stecken und mit dem restlichen Öl bestreichen.

3 Auf dem heißen Grillrost rundherum grillen. Mit Salz und Pfeffer würzen.

Pfannenpizza mit Schinken und Ananas (Foto)

- 1 dünnes arabisches Fladenbrot
- 2 EL Tomatenmark
- 1/2 TL getrockneter Oregano
- 120 g gekochter Schinken ohne Fettrand in Scheiben
- 2 Scheiben Ananas (Dose)
- 1 TL Sonnenblumenöl
- 75 g geriebener Käse (30 % F.)

Für 2 Personen ▪ Zubereitungszeit: ca. 15 Min.
Pro Portion: 593,5 kcal ▪ 13,5 g Fett ▪ 79,5 g KH ▪ 20,5 % kcal aus Fett

1 Das Fladenbrot mit Tomatenmark bestreichen und den Oregano gleichmäßig darüber streuen. Den Schinken in dünne Streifen schneiden. Die Ananasscheiben abtropfen lassen und in kleine Stücke schneiden.

2 Das Öl in einer großen beschichteten Pfanne erhitzen und das Brot hineinlegen. Den Schinken und die Ananasstücke auf dem Brot verteilen und den Käse darüber streuen. Die Pizza zugedeckt etwa 8 Minuten bei schwacher Hitze garen.

Bananen und Schinkenröllchen auf Curryreis

- 1 Zwiebel
- 1 Apfel
- 3 EL Sonnenblumenöl
- 1 EL Mandelblättchen
- 2 TL Currypulver
- 300 g Reis
- 1 Würfel gekörnte Brühe
- 1 Ei
- 4 Bananen
- Paniermehl
- 4 Scheiben gekochter Schinken ohne Fettrand

Für 4 Personen ▪ Zubereitungszeit: ca. 45 Min.
Pro Portion: 529 kcal ▪ 12 g Fett ▪ 88,5 g KH ▪ 20 % kcal aus Fett

1 Die Zwiebel und den Apfel schälen und in Würfel schneiden. 1 Esslöffel Öl in einem Topf heiß werden lassen und beides darin anbraten. Mandelblättchen, Curry und Reis hinzufügen und unter Rühren 3 Minuten mitbraten.

2 600 Milliliter Wasser und den Brühwürfel dazugeben, aufkochen, umrühren und zugedeckt bei geringer Wärmezufuhr 20 Minuten quellen lassen. Auf einer Platte anrichten.

3 Das Ei mit 1 Esslöffel Wasser verquirlen. Die Bananen schälen, nacheinander in Ei und Paniermehl wenden, die Panade fest andrücken.

4 Restliches Öl in einer beschichteten Pfanne erhitzen, die Bananen darin von allen Seiten braun braten und auf dem Curryreis anrichten. Den Schinken aufrollen und zwischen die Bananen legen.

TIPP: Bananen mit Schinken lassen sich auch gut grillen. Dazu geschälte Bananen mit Zitronensaft beträufeln, mit 1 Teelöffel Paprikapulver bestäuben und in 2 Esslöffeln geriebenem Käse wälzen. Jeweils 2 halbierte Schinkenscheiben um eine Banane wickeln und auf einer Aluschale über dem Holzkohlegrill von jeder Seite etwa 3 bis 5 Minuten grillen.

Kartoffelklößchen mit Hackfleisch gefüllt

- 500 g Kartoffeln
- 1 kleine Zwiebel
- 1 EL Mineralwasser
- 200 g Tatar (gemischtes Hackfleisch)
- Salz
- Pfeffer
- Oregano
- Sonnenblumenöl zum Braten

Für 4 Personen ▪ Zubereitungszeit: ca. 30 Min.
Pro Portion: 184 kcal ▪ 5,2 g Fett ▪ 19,7 g KH ▪ 25,4 % kcal aus Fett

1 Die Kartoffeln schälen und weich kochen. Die Zwiebel abziehen, in Würfel schneiden und im Mineralwasser in einer beschichteten Pfanne anbraten. Das Tatar hinzugeben, mit Salz, Pfeffer und Oregano würzen. Zuerst durchkochen lassen, dann etwas anbraten.

2 Die gekochten Kartoffeln mit einem Kartoffelstampfer pürieren und mit Salz abschmecken. Den Teig abkühlen lassen, bis man ihn mit den Händen anfassen kann.

3 Kleine Bällchen formen, in die Mitte eine Mulde drücken und mit einem Teelöffel etwas von dem Tatar geben. Das Kartoffelbällchen wieder verschließen und etwa fingerdick platt drücken. In einer beschichteten, leicht eingefetteten Pfanne anbraten.

TIPP: Die Kartoffelklößchen kann man ebenso kalt essen oder in der Mikrowelle aufwärmen. Sie eignen sich auch sehr gut als Partysnack.

Überbackene Hackfleischklößchen

- 1 Zwiebel
- 450 g mageres Hackfleisch
- 1 Ei, 50 g Quark
- 2 EL Paniermehl
- 2 EL Mineralwasser
- 1 EL Tomatenmark
- Salz
- Pfeffer
- 1 Pckg. passierte Tomaten (500 g)
- 1 EL Speisestärke
- 4 EL Kaffeesahne (4 % F.)
- 1 Prise Zucker
- 125 g Zottarella leicht
- 2 EL Basilikumblätter

Für 4 Personen ▪ Zubereitungszeit: ca. 30 Min. ▪ Backzeit: ca. 20 Min.
Pro Portion: 307 kcal ▪ 8,5 g Fett ▪ 17,8 g KH ▪ 24,9 % kcal aus Fett

1 Die Zwiebel abziehen und in Würfel schneiden. Das Hackfleisch mit Zwiebelwürfeln, Ei, Quark, Paniermehl, Mineralwasser, Tomatenmark, Salz und Pfeffer mischen. Die Masse zu 16 Klößchen formen oder mit zwei Teelöffeln Klößchen abstechen und in eine Auflaufform geben. Den Backofen auf 200 °C vorheizen.

2 Die Tomaten mit der Stärke und der Sahne verrühren, mit Salz, Pfeffer und Zucker würzen und über die Klößchen gießen. Den Käse in Scheiben schneiden und darüber verteilen. Im vorgeheizten Backofen etwa 20 Minuten überbacken. Zum Servieren die Klößchen mit den Basilikumblättern bestreuen.

Spaghetti à la Bolognese

Für 4 Personen ■ Zubereitungszeit: ca. 25 Min.
Pro Portion: 811 kcal ■ 22,5 g Fett ■ 103,5 g KH ■ 25 % kcal aus Fett

- 500 g Spaghetti, Salz
- 2 Zwiebeln, 1 Knoblauchzehe
- 1 EL Olivenöl
- 500 g mageres Rinderhackfleisch
- 2 grüne Paprikaschoten
- 1 Pckg. stückige Tomaten (500 g)
- 2 EL Tomatenmark
- Pfeffer, 1 Prise Zucker

1 Die Spaghetti in reichlich Salzwasser nach Packungsanleitung zubereiten.

2 Die Zwiebeln und den Knoblauch abziehen, fein hacken und in einer beschichteten Pfanne im heißen Öl andünsten. Die Paprika waschen, von Kernen und Innenhaut befreien und in Würfel schneiden.

3 Paprika und Hackfleisch in die Pfanne geben und unter Rühren anbraten.

4 Mit den Tomaten ablöschen und das Tomatenmark unterrühren. Die Sauce bei schwacher Hitze etwas einkochen lassen. Würzen und abschmecken. Mit den Spaghetti servieren.

Tomaten-Hackfleisch-Auflauf

Für 4 Personen ■ Zubereitungszeit: ca. 45 Min. ■ Backzeit: ca. 30 Min.
Pro Portion: 453,5 kcal ■ 14,7 g Fett ■ 38 g KH ■ 29,2 % kcal aus Fett

- 1 Zwiebel
- 1 Knoblauchzehe
- etwas Mineralwasser
- 250 g Schweinehackfleisch
- 250 g Rinderhackfleisch
- 100 g Tomatenmark
- Salz, Pfeffer
- 800 g Kartoffeln
- 100 ml Milch (1,5 % F.)
- 150 g Magermilchjoghurt
- Muskat
- 1 TL Halbfettmargarine
- 500 g Tomaten
- 100 g geriebener Edamer (30 % F.)

1 Die Zwiebel und Knoblauchzehe abziehen, hacken und im Mineralwasser glasig dünsten. Das gemischte Hackfleisch dazugeben und krümelig braten. Das Tomatenmark unterrühren, mit 200 Milliliter Wasser ablöschen und zu einer sämigen Hackfleischsauce einkochen lassen. Mit Salz und Pfeffer würzen.

2 Die Kartoffeln in der Schale weich dämpfen, pellen und durch die Kartoffelpresse drücken. Die Milch inzwischen leicht erhitzen und über die Kartoffeln gießen. Joghurt dazugeben, mit dem Schneebesen glatt rühren und mit Muskat, Salz und Pfeffer abschmecken.

3 Den Backofen auf 200 °C vorheizen. Knapp die Hälfte des Pürees in eine mit Margarine eingefettete Auflaufform geben, die Hackfleischmasse darüber verteilen. Tomaten in Scheiben schneiden, in die Mitte des Auflaufs geben und mit wenig Salz und Pfeffer würzen.

4 Das restliche Püree in einen Spritzbeutel füllen, Rosetten als Rand um die Tomatenscheiben spritzen. Den Käse über den Auflauf streuen und etwa 30 Minuten im vorgeheizten Backofen garen.

TIPP: Wenn es schneller gehen soll, kann auch Kartoffelpüree aus dem Beutel verwendet werden.

Nicos Grillspieße mit Joghurtsauce (Foto)

2 Knoblauchzehen
4 Zwiebeln, 1 Peperoni
frischer Rosmarin und Thymian
Salz, 4 EL Olivenöl
1 TL edelsüßes Paprikapulver
800 g Hüftsteak vom Rind
1/2 TL Korianderkörner
300 g Joghurt (1,5 % F.)
1 EL Zitronensaft, Pfeffer
je 1 rote, grüne und gelbe Paprikaschote
1 Fladenbrot (500 g)

Außerdem

12 Metallspieße

Für 4 Personen ▪ Zubereitungszeit: ca. 45 Min. ▪ Marinierzeit: ca. 3 Std.
Pro Portion: 849,5 kcal ▪ 21,5 g Fett ▪ 103,8 g KH ▪ 22,8 % kcal aus Fett

1 Den Knoblauch, 1 abgezogene Zwiebel, Peperoni und Kräuter fein hacken, mit 1 Teelöffel Salz, Öl und Paprikapulver verrühren. Das Fleisch in Würfel schneiden und mit der Marinade mischen. Etwa 3 Stunden abgedeckt kühl stellen.

2 Für die Sauce 1 abgezogene Zwiebel fein reiben, den Koriander zerdrücken und mit Joghurt und Zitronensaft verrühren. Mit Salz und Pfeffer abschmecken.

3 Restliche Zwiebeln abziehen und in Viertel schneiden. Die Paprika putzen, in Stücke schneiden und abwechselnd mit Zwiebeln auf 4 Spieße stecken. Die Fleischwürfel auf die restlichen 8 Spieße verteilen.

4 Die Spieße mit der Marinade bestreichen, auf den heißen Grillrost legen und 10 bis 15 Minuten grillen, dabei öfter wenden. Die Grillspieße mit der Joghurtsauce und dem Fladenbrot servieren.

Dips zu Kartoffeln und Gegrilltem

Apfel-Curry-Dip

Apfel-Curry-Dip:

1 mittelgroßer Apfel
1 kleine Zwiebel
200 g Joghurt (1,5 % F.)
Currypulver, Salz, Pfeffer
1–2 EL Zitronensaft

Für 4 Personen ▪ Zubereitungszeit: ca. 10 Min.
Pro Portion: 43,8 kcal ▪ 1 g Fett ▪ 6,3 g KH ▪ 20,5 % kcal aus Fett

1 Den Apfel waschen, schälen, vierteln und fein raspeln. Die Zwiebel abziehen und fein hacken.

2 Apfel und Zwiebel mit dem Joghurt verrühren, mit Curry, Salz, Pfeffer und Zitronensaft abschmecken.

Orangen-Preiselbeer-Dip

Orangen-Preiselbeer-Dip:

1 unbehandelte Orange
150 g Joghurt (1,5 % F.)
2 EL Preiselbeeren
Salz, Pfeffer

Für 4 Portionen ▪ Zubereitungszeit: ca. 10 Min.
Pro Portion: 27,5 kcal ▪ 0,7 g Fett ▪ 3,8 g KH ▪ 22,9 % kcal aus Fett

1 Die Orange heiß abwaschen, die Schale abreiben. Die Frucht mit einem Messer schälen, die weiße Haut entfernen und Spalten aus den Trennhäuten schneiden. Dabei den Saft auffangen. Die Orangenfilets klein schneiden.

2 Den Joghurt mit den Preiselbeeren verrühren. Die Orangenfilets, die abgeriebene Schale und den Saft unterrühren. Mit Salz und Pfeffer würzen und abschmecken.

Fischfilet mit Dillkartoffeln

Für 4 Personen ■ Zubereitungszeit: ca. 40 Min.
Pro Portion: 407 kcal ■ 6,5 g Fett ■ 48,5 g KH ■ 14,5 % kcal aus Fett

1 kg Kartoffeln, 2 Zwiebeln
1 EL Halbfettmargarine
Salz, Pfeffer
400 ml Milch (1,5 % F.)
1 1/2 Würfel gekörnte Gemüsebrühe
4 Scheiben Fischfilet, z. B. Kabeljau
2 EL Mehl
1 EL Sonnenblumenöl
1 Pckg. TK- oder 1 Bund Dill

1 Die Kartoffeln waschen, schälen und in Scheiben schneiden. Die Zwiebeln abziehen, in Spalten schneiden.

2 Kartoffelscheiben und Zwiebelspalten in heißem Fett andünsten und mit Salz und Pfeffer würzen. Die Milch angießen, den Brühwürfel darin auflösen und etwa 20 Minuten zugedeckt bei schwacher Hitze kochen lassen.

3 Inzwischen das Fischfilet waschen, trockentupfen, salzen, pfeffern und in Mehl wenden. In einer beschichteten Pfanne das Öl erhitzen und den Fisch darin von beiden Seiten etwa 8 Minuten braten.

4 Den Dill waschen, trockentupfen und fein schneiden. Zu den garen Kartoffeln geben, abschmecken und mit dem Fisch servieren.

Fischspieße auf indische Art

Für 4 Personen ■ Zubereitungszeit: ca. 20 Min.
Pro Portion: 373 kcal ■ 11,8 g Fett ■ 44,3 g KH ■ 28,5 % kcal aus Fett

1 Pckg. TK-Fischstäbchen (450 g)
1 Dose Ananas in Scheiben (580 g)
4 kleine Zwiebeln
1 rote Paprikaschote
1 TL Öl
1 Päck. Currysauce

Außerdem
8 Spieße

1 Den Backofen auf 250 °C vorheizen. Die Fischstäbchen antauen lassen und in der Mitte halbieren.

2 Die Ananasscheiben abtropfen lassen, halbieren, 1 Scheibe in Würfel schneiden. Die Zwiebeln abziehen, halbieren und auseinander pflücken. Die Paprika waschen, Kerne und weiße Innenhäute entfernen, in gleich große Stücke schneiden.

3 Die Spieße mit Öl bestreichen. Die Fischstäbchen, die halbierten Ananasscheiben, die Zwiebeln und die Paprika abwechselnd auf die Spieße stecken.

4 Ein Backblech mit Backpapier belegen, die Spieße darauf verteilen und 12 Minuten backen, nach der halben Garzeit einmal wenden.

5 In einem Topf 1/4 Liter Wasser aufkochen, die Currysauce einrühren, 1 Minute kochen lassen und die Ananaswürfel dazugeben. Zu den Fischspießen reichen.

TIPP: Zu den Fischspießen schmeckt Basmati-Reis oder Kartoffelpüree.

Pizza d'Antonia mit Thunfisch und Schinken

Für 4 Personen ■ Zubereitungszeit: ca. 30 Min. ■ Gehzeit: ca. 1 Std. 15 Min. ■ Backzeit: ca. 15–20 Min.
Pro Portion: 595,3 kcal ■ 14,5 g Fett ■ 77,3 g KH ■ 21,9 % kcal aus Fett

Für den Teig

400 g Mehl, 1 Päck. Trockenhefe

1/2 TL Salz,1 TL Zucker

2–3 EL Olivenöl

Für den Belag

1 Pckg. stückige Tomaten mit Kräutern (400 g)

je 1 rote und gelbe Paprikaschote

1 Dose Thunfisch im eigenen Saft (185 g)

100 g gekochter Schinken ohne Fettrand

Salz, Pfeffer

100 g Käseraspel von Leerdamer

1 Das Mehl mit Trockenhefe, Salz und Zucker verrühren. 1/4 Liter handwarmes Wasser und das Öl dazugeben und alles gut verkneten. Den Teig etwa 45 Minuten gehen lassen, bis er die doppelte Größe erreicht hat. Nochmals durchkneten, auf einem mit Backpapier ausgelegten Backblech ausrollen.

2 Den Backofen auf 220 °C vorheizen. Die Tomaten auf dem Teig verteilen. Die Paprika waschen, entkernen und in dünne Streifen schneiden. Den Thunfisch abtropfen lassen, den Schinken in Würfel schneiden. Die Paprikastreifen über die Tomaten streuen, eine Hälfte mit Thunfisch, die andere mit den Schinkenwürfeln belegen. Mit wenig Salz und Pfeffer würzen.

3 Die Pizza mit den Käseraspeln bestreuen, noch 30 Minuten gehen lassen. Die Pizza im vorgeheizten Ofen in 15 bis 20 Minuten knusprig backen.

TIPP: Sie können die Pizza auch mit Ananas, Zucchini, Zwiebeln, Mais oder anderen LOW FETT 30–Zutaten nach Geschmack belegen.

Schlemmerfisch à la Bordelaise

Für 4 Personen ■ Zubereitungszeit: ca. 30 Min.
Pro Portion: 189 kcal ■ 6 g Fett ■ 9 g KH ■ 28 % kcal aus Fett

500 g Kabeljaufilet

Pfeffer

Salz

Saft und fein geriebene Schale von 1/2 Zitrone

50 g Halbfettmargarine

6 EL Paniermehl

1 TL gekörnte Gemüsebrühe

1 Das Kabeljaufilet mit Pfeffer, Salz und Zitronensaft würzen, in eine Ofenform legen. Den Backofen auf 200 °C vorheizen.

2 Die Halbfettmargarine schmelzen lassen, das Paniermehl, die Zitronenschale und die Gemüsebrühe dazugeben und gut mischen. Die Masse auf dem Fisch verteilen und in etwa 20 Minuten im vorgeheizten Backofen goldbraun backen.

Dessert & Gebäck

Gummi-Bär (Foto)

Für 8 Personen ▪ Zubereitungszeit: ca. 30 Min. ▪ Kühlzeit: ca. 4 Std.
Pro Portion: 94,1 kcal ▪ 0,1 g Fett ▪ 19,3 g KH ▪ 0,9 % kcal aus Fett

- 14 Blatt rote Gelatine
- 750 ml roter Traubensaft
- 250 ml Apfelsaft
- 2 EL Zitronensaft
- evtl. etwas Süßstoff
- 50 g Gummibärchen

1 Die Gelatine 10 Minuten in kaltem Wasser einweichen. Gelatine herausnehmen, abtropfen lassen, in wenig Wasser erwärmen und vorsichtig auflösen. Trauben- und Apfelsaft unterrühren, mit dem Zitronensaft und eventuell etwas Süßstoff abschmecken.

2 Die Bärenform kalt ausspülen, etwas Saft einfüllen und im Kühlschrank etwa 2 Stunden fest werden lassen.

3 Die Gummibärchen darauf verteilen, den restlichen Saft einfüllen und nochmals für mindestens 2 Stunden in den Kühlschrank stellen.

Milchreiskugeln

Für 42 Kugeln ▪ Zubereitungszeit: ca. 1 Std. ▪ Kühlzeit: ca. 30 Min.
Pro Kugel: ca. 49,1 kcal ▪ 1,5 g Fett ▪ 6,2 g KH ▪ 27,5 % kcal aus Fett

- 1 Vanilleschote
- 500 ml Milch (1,5 % F.)
- 4 EL Zucker
- 200 g Milchreis
- 25 g Kokosraspel
- 50 g Pistazienkerne
- 2 EL Kakaopulver

1 Die Vanilleschote aufschlitzen und das Mark herauskratzen. Die Milch mit der Schote, dem Mark und Zucker zum Kochen bringen. Den Reis einstreuen, die Vanilleschote herausnehmen und zugedeckt bei schwacher Hitze 20 Minuten ausquellen lassen, dabei immer wieder umrühren.

2 Den garen Reis auf eine Platte oder ein Blech streichen und abkühlen lassen. Die Kokosraspel in einer Pfanne ohne Fett goldbraun rösten. Die Pistazien sehr fein hacken.

3 Auf dem Reis 7 Streifen markieren, diese jeweils in 6 Stücke teilen. Mit angefeuchteten Händen daraus 42 Kugeln formen. Jeweils 14 Kugeln getrennt in den gehackten Pistazien, den Kokosraspeln und dem Kakaopulver wälzen.

Brombeer-Grieß-Schaum

Für 4 Personen ■ Zubereitungszeit: ca. 30 Min.
Pro Portion: 86 kcal ■ 1,5 g Fett ■ 16,8 g KH ■ 15,7 % kcal aus Fett

- 150 g Brombeeren
- 1 EL Zucker oder etwas Süßstoff
- 1 Prise Salz
- 50 g Grieß
- 4 EL Magerjoghurt

1 Die Beeren waschen, putzen, ein paar zum Garnieren beiseite legen. Die übrigen Brombeeren zusammen mit 1/2 Liter Wasser pürieren. Damit die Kerne entfernt werden, das Püree durch ein feines Sieb in einen kleinen Kochtopf streichen.

2 Zucker oder Süßstoff und Salz hinzufügen und das Püree zum Kochen bringen. Den Grieß einrieseln lassen und bei schwacher Hitze unter ständigem Rühren noch etwa 10 Minuten kochen lassen, bis es eingedickt ist.

3 Den Grießschaum auf vier Schüsselchen verteilen, etwas abkühlen lassen und mit den restlichen Brombeeren und dem Joghurt garniert servieren.

TIPP: Der Brombeer-Grieß-Schaum schmeckt lauwarm oder kalt. Er ist auch mit anderen Beerenfrüchten lecker.

Erdbeer-Joghurt-Torte ohne Backen

Für 12 Stück ■ Zubereitungszeit: ca. 30 Min. ■ Abtropfzeit: ca. 8 Std. ■ Kühlzeit: ca. 3 Std.
Pro Stück: 239 kcal ■ 7,5 g Fett ■ 25 g KH ■ 28 % kcal aus Fett

- 750 g Joghurt (1,5% F.)
- 150 g Löffelbiskuit
- 100 g Halbfettbutter
- 100 g Vollmilchschokolade
- 500 g Magerquark
- 3 EL Zitronensaft
- 1 Päck. Citro-Back
- 1 Päck. klarer Tortenguss
- 120 g Zucker
- 500 g Erdbeeren

1 Den Joghurt zum Abtropfen mindestens 8 Stunden in ein Sieb geben, das mit Kaffeefilterpapier oder Nesseltuch ausgelegt ist.

2 Die Löffelbiskuits in einen großen Gefrierbeutel füllen und mit einem Nudelholz oder einer Flasche fein zerkrümeln. Die Butter vorsichtig schmelzen lassen, mit den Biskuitkrümeln vermischen und in eine mit Backpapier ausgelegte Springform drücken. Die Vollmilchschokolade im Wasserbad schmelzen und auf dem Tortenboden verstreichen.

3 Den gut abgetropften Joghurt mit Quark, Zitronensaft und Citro-Back verrühren. Den Tortenguss mit 100 Gramm Zucker aufkochen und unter die Quark-Joghurt-Masse rühren.

4 Die Erdbeeren in Viertel schneiden. Die Hälfte auf dem Tortenboden verteilen, die Quark-Joghurt-Creme darüber geben. Die übrigen Erdbeeren pürieren, mit dem restlichen Zucker vermischen und auf die Torte streichen. Mit einem Löffelstiel die Oberfläche marmorieren. Mindestens 3 Stunden kalt stellen.

TIPP: Das Erdbeerpüree in einen Gefrierbeutel füllen, eine kleine Ecke abschneiden und spiralförmig auf die Torte spritzen. Mit einem Stäbchen von der Mitte aus gitterartig ein Muster in die Torte ziehen.

Kiwidessert mit Erdbeeren

Für 4 Personen ■ Zubereitungszeit: ca. 10 Min.
Pro Portion: 161 kcal ■ 1 g Fett ■ 27,8 g KH ■ 5,6 % kcal aus Fett

6 Kiwis
200 g Magerquark
2 EL Mineralwasser
30 g Zucker
1 Päck. Vanillinzucker
4 Kugeln Erdbeer-Fruchtsorbet (à 25 g)
100 g frische Erdbeeren

1 Die Kiwis schälen, 2 Kiwis im Mixer pürieren. Den Quark mit Mineralwasser, Zucker und Vanillinzucker verrühren, das Kiwipüree unterziehen.

2 Die restlichen Kiwis in nicht zu feine Scheiben schneiden und blütenartig in vier Dessertschalen legen. In die Mitte die Kiwicreme füllen und obenauf die Sorbetkugeln setzen. Mit den Erdbeeren garnieren und sofort servieren.

Mäuse

Für 14 Stück ■ Zubereitungszeit: ca. 1 Std. 5 Min. ■ Backzeit: 2 Backbleche à ca. 18–20 Min.
Pro Stück: 240 kcal ■ 6,5g Fett ■ 36 g KH ■ 24,4 % kcal aus Fett

375 g Magerquark
1 Ei
7 EL + 2 EL Milch (1,5 % F.)
7 EL Sonnenblumenöl
1 Prise Salz
100 g Zucker
1 Päck. Vanillinzucker
500 g Mehl
1 Päck. Backpulver
etwas Mehl für die Hände
1 Eigelb
bunte Fruchtgummischnüre und 28 Zuckerperlen
1 TL Puderzucker zum Bestäuben

1 Den Quark mit Ei, 7 Esslöffeln Milch, Öl, Salz, Zucker und Vanillinzucker mit den Knethaken des Handrührgerätes verrühren. Das Mehl mit dem Backpulver vermischen, zur Quarkmasse geben und zu einem glatten Teig kneten.

2 Den Backofen auf 200 °C vorheizen. Den Teig zu einem Strang rollen und in 14 gleich große Stücke schneiden. Jedes Stück mit bemehlten Händen zu einem eiförmigen Brötchen (ca. 10 cm lang und 6 cm breit) formen. An der schmalen Seite mit einer Schere rechts und links eine Ecke in den Teig schneiden und zu »Ohren« hochziehen. Zwei Backbleche mit Backpapier auslegen.

3 Die Mäuse auf das Blech setzen. Das Eigelb mit 2 Esslöffeln Milch verquirlen, die Mäuse des einen Blechs damit bestreichen und im Backofen etwa 18 bis 20 Minuten backen. Danach die Mäuse des zweiten Blechs ebenfalls bestreichen und backen. Im Umluftbackofen bei 175 °C können beide Bleche gemeinsam gebacken werden.

4 Die Mäuse auf einem Kuchengitter abkühlen lassen. Mit einem Holzspießchen für Schwanz und Bart jeweils Löcher in die Mäuse bohren und Fruchtgummischnüre hineinstecken. Je 2 Zuckerperlen als Augen eindrücken und die Mäuse mit Puderzucker bestäuben.

Schokoladenmuffins

300 g Mehl
3 TL Backpulver
150 g Zucker
1 Päck. Vanillinzucker
30 g Kakaopulver
2 Eiweiß und 1 Ei
125 ml Buttermilch
Puderzucker zum Bestäuben

Für 12 Stück ■ Zubereitungszeit: ca. 15 Min. ■ Backzeit: ca. 15–20 Min.
Pro Stück: 145 kcal ■ 1 g Fett ■ 30,5 g KH ■ 6 % kcal aus Fett

1 Den Backofen auf 190 °C vorheizen.

2 In einer Schüssel Mehl, Backpulver, Zucker, Vanillinzucker und Kakao gut miteinander vermischen. Eiweiß, Ei und so viel Buttermilch hinzufügen, bis ein glatter, fester Teig entsteht.

3 Die Muffinförmchen zu zwei Drittel mit der Teigmasse füllen und die Schokoladenmuffins 15 bis 20 Minuten backen. Die Muffins aus dem Backofen nehmen, auf einem Rost abkühlen lassen und mit Puderzucker bestäuben.

Rhabarberkuchen mit Kokos-Zwieback-Streuseln

60 g Halbfettmargarine
125 g Zucker
1 Vanillinzucker
1 Ei
60 g abgetropfter Joghurt (1,5 % F.)
250 g Mehl
2 gestr. TL Backpulver
1/2 TL Natron
5 Tropfen Zitrus-Aroma
500 g Rhabarber
3 Kokos-Zwiebäcke (Brandt)
1 EL brauner Zucker

Für 12 Stück ■ Zubereitungszeit: ca. 35 Min. ■ Backzeit: ca. 35 Min.
Pro Stück: 175 kcal ■ 3,5 g Fett ■ 31,9 g KH ■ 18 % kcal aus Fett

1 Die Margarine in einem Kochtopf auf kleinster Stufe schmelzen und mit Zucker, Vanillinzucker und Ei cremig rühren. Das übrige Fett im Topf zum Ausstreichen der Springform verwenden.

2 Den Joghurt unterziehen. Mehl, Backpulver und Natron mischen und mit dem 2 Esslöffel Wasser und dem Aroma unter die Masse rühren. Den Teig in die gefettete Springform füllen und glatt streichen.

3 Den Backofen auf 180 °C vorheizen. Rhabarber putzen, waschen und in ca. 2 Zentimeter lange Stücke schneiden. Auf dem Teig verteilen und leicht eindrücken.

4 Die Kokos-Zwiebäcke in einen Gefrierbeutel füllen. Den Beutel verschließen und die Zwiebäcke mit dem Nudelholz zu Bröseln zerdrücken. Die Brösel mit dem braunen Zucker mischen und über den Teig streuen. Den Kuchen im vorgeheizten Backofen auf der mittlerer Schiene ca. 35 Minuten backen.

Apfel-Zwieback-Auflauf

Für 6 Personen ▪ Zubereitungszeit: ca. 15 Min. ▪ Backzeit: ca. 45 Min.
Pro Portion: 466,2 kcal ▪ 12,2 g Fett ▪ 72 g KH ▪ 23,5 % kcal aus Fett

- 250 g Zwieback (Brandt)
- 250 ml Milch
- 800 g Äpfel
- 125 g Zucker
- 1 TL Zimtpulver
- 3 Eier
- 250 g saure Sahne
- 3 Brandt Kokos-Zwiebäcke, gerieben

1 Den Zwieback mit der Milch beträufeln. Die Äpfel waschen, schälen, vierteln entkernen und grob raspeln. Die Hälfte des Zuckers und des Zimts unter die Äpfel mischen. Eier, saure Sahne, restlichen Zucker und Zimt verquirlen.

2 Den Backofen auf 200 °C vorheizen. Den Zwieback und die Äpfel nun schichtweise in eine gefettete Auflaufform geben. Mit Zwieback beginnen und abschließen. Die Eiersahne darüber gießen und mit den Kokos-Zwiebackbröseln bestreuen.

3 Den Auflauf im vorgeheizten Backofen etwa 45 Minuten backen.

TIPP: Vanillesauce dazu servieren.

Zwieback mit Pudding und Apfelmus

Für 2 Personen ▪ Zubereitungszeit: ca. 10 Min.
Pro Portion: 192,5 kcal ▪ 2,5 g Fett ▪ 37,5 g KH ▪ 11,7 % kcal aus Fett

- 4 Brandt Vollkorn-Zwiebäcke
- 100 ml Milch (1,5 % F.)
- 1 Päck. Saucenpulver Vanille (ohne Kochen)
- 100 g Apfelmus (Glas)

1 Zwei Zwiebäcke in eine kleine rechteckige Form legen.

2 Die Milch mit dem Saucenpulver zu einem Pudding verrühren und über die Zwiebäcke gießen. Mit den anderen beiden Zwiebackscheiben abdecken und das Apfelmus darüber verteilen.

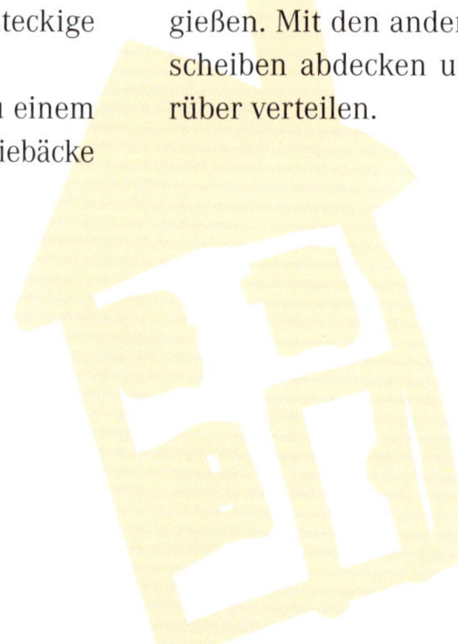

Annikas Beerenkuchen

Für 12 Stück ▪ Zubereitungszeit: ca. 30 Min. ▪ Backzeit: ca. 15–20 Min. ▪ Kühlzeit: ca. 45 Min.
Pro Stück: 167,2 kcal ▪ 2,3 g Fett ▪ 31,3 g KH ▪ 6,1 % kcal aus Fett

1 fertiger Tortenboden oder Grundrezept Biskuitteig für Obstkuchen

1 Päck. Vanille-Puddingpulver

6 EL Zucker (alternativ Süßstoff)

400 ml Milch (1,5 % F.)

1 kg gemischte Beeren, z. B. Himbeeren, Heidelbeeren, Brombeeren

4 frische Apfelspalten

1 TL Zitronensaft

2 Päck. roter Tortenguss

1 Nach dem Grundrezept einen Tortenboden backen und einen Tortenring darumlegen.
2 Das Puddingpulver mit 2 Esslöffeln Zucker oder dem Süßstoff verrühren und mit der Milch zu einem festen Pudding kochen. 15 Minuten abkühlen lassen und auf den Tortenboden streichen.
3 Die Beeren waschen, putzen und auf dem abgekühlten Pudding verteilen. Die Apfelspalten in dem Zitronensaft wenden und als Verzierung obendrauf legen.
4 Den Tortenguss mit dem restlichen Zucker oder dem Süßstoff vermischen und nach Packungsanleitung zubereiten. Den Guss löffelweise von der Mitte des Kuchens aus über den Beeren verteilen.
5 Den Beerenkuchen mindestens 30 Minuten kühl stellen, damit der Tortenguss schnittfest wird. Vor dem Servieren den Tortenring mit einem scharfen Messer vom Rand lösen, abnehmen und in 12 Stücke schneiden.

TIPP: Wenn es schnell gehen soll, Vanille-Puddingpulver ohne Kochen mit 500 Gramm Joghurt anrühren und auf den Tortenboden streichen.

Matildas kleiner Erdbeerkuchen

Für 8 Stück ▪ Zubereitungszeit: ca. 25 Min. ▪ Backzeit: ca. 40 Min. ▪ Kühlzeit: ca. 30 Min.
Pro Stück: 162,9 kcal ▪ 1,1 g Fett ▪ 35,4 g KH ▪ 6 % kcal aus Fett

1 fertiger Tortenboden oder Grundrezept Biskuitteig für kleine Backform

5 EL Erdbeermarmelade

500 g Erdbeeren

1 Päck. klarer Tortenguss

2 gestrichene EL Zucker (alternativ Süßstoff)

1 Einen Tortenboden nach dem Grundrezept backen und auf einen großen Teller legen.
2 Die Erdbeermarmelade auf den Tortenboden streichen. Einen Tortenring um den Boden legen. Die Erdbeeren waschen, putzen, eventuell halbieren und auf der Marmelade verteilen, einige mit Blütenansatz beiseite legen.
3 Den Tortenguss mit dem Zucker oder Süßstoff vermischen und nach Packungsanleitung zubereiten. Den Guss mit einem Esslöffel von der Mitte des Kuchens aus über den Erdbeeren verteilen.
4 Den Erdbeerkuchen mindestens 30 Minuten kühl stellen, damit der Tortenguss schnittfest wird. Vor dem Servieren den Tortenring mit einem scharfen Messer vom Rand lösen, abnehmen und den Kuchen in 8 Stücke schneiden. Mit den beiseite gelegten Erdbeeren garnieren.

Geraldines Indianer-Kuchen

Für 12 Stück ▪ Zubereitungszeit: ca. 30 Min. ▪ Backzeit: ca. 15–20 Min. ▪ Kühlzeit: ca. 30 Min.
Pro Stück: 147,3 kcal ▪ 1,3 g Fett ▪ 30,8 g KH ▪ 7,6 % kcal aus Fett

- 1 Grundrezept Biskuitteig für Obstkuchen
- 1 Scheibe Ananas (Dose)
- 2 dicke blaue Trauben
- 1 Pfirsich, 1 Banane, 1 Birne
- 300 g rote Johannisbeeren
- 5 EL Johannisbeergelee
- 1 Päck. klarer Tortenguss
- 2 gestrichene EL Zucker (alternativ Süßstoff)
- 1 EL Zuckerstreusel zum Verzieren

Außerdem

- Federn aus dem Bastelgeschäft

1 Nach dem Grundrezept einen runden Biskuitboden in einer Obstbodenform mit gewelltem Rand backen.

2 Das Obst waschen, putzen bzw. abtropfen lassen. Das Johannisbeergelee in einer Schüssel im Mikrowellenherd oder in einem kleinen Topf auf dem Herd kurz erwärmen, gut durchrühren und auf den Tortenboden streichen.

3 Aus je 1 Ananashälfte und Traube die Augenbrauen und Augen, aus dem Pfirsich die Nase, der Banane den Mund und der Birne die Kriegsbemalung legen. Die Johannisbeeren darum herum verteilen.

4 Den Tortenguss mit dem Zucker oder Süßstoff vermischen und nach Packungsanleitung zubereiten. Den Guss löffelweise von der Mitte des Kuchens aus über dem Obst verteilen.

5 Den Indianer mindestens 30 Minuten kühl stellen, damit der Tortenguss schnittfest wird. Vor dem Servieren den Kuchen mit Zuckerstreuseln und Federn als Kopfschmuck dekorieren.

Gummibärchen-Torte

Für 12 Stück ▪ Zubereitungszeit: ca. 10 Min. ▪ Backzeit: ca. 15–20 Min. ▪ Kühlzeit: ca. 3 Std.
Pro Stück: 175,5 kcal ▪ 1,4 g Fett ▪ 20 g KH ▪ 7,2 % kcal aus Fett

- 1 Grundrezept Biskuitteig für Obstkuchen
- 1 Päck. Götterspeise grün
- 1 Päck. Götterspeise rot
- 2 Becher Vanillequark (à 500 g; 0,2 % F.)
- 3 EL Puderzucker
- ca. 24 Gummibärchen

1 Nach dem Grundrezept einen runden Biskuitboden in einer Obstbodenform mit gewelltem Rand backen.

2 Für den Belag die beiden Sorten Götterspeise in jeweils einem Topf mit der halben Menge Wasser wie auf Packungsanleitung angegeben anrühren. 10 Minuten quellen lassen und erwärmen (nicht kochen), bis alles aufgelöst ist. Abkühlen lassen. Je 1 Becher Quark unter jede Götterspeise rühren.

3 Den abgekühlten Biskuitboden auf eine Tortenplatte setzen. Abwechselnd 1 Esslöffel von jeder Götterspeise-Quark-Mischung auf die Mitte des Biskuitbodens geben. Nicht verstreichen, die Masse verläuft von allein und ergibt so ein Streifenmuster.

4 Die Torte für etwa 3 Stunden kühl stellen, damit der Belag schnittfest wird. Vor dem Servieren den Puderzucker mit wenig Wasser glatt rühren und die Gummibärchen damit ankleben.

Biskuitteig für Obstkuchen (Grundrezept)

Für 1 Backform von ca. 24–26 cm Ø ■ Zubereitungszeit: ca. 10 Min. ■ Backzeit: ca. 15–20 Min.
Insgesamt: 857 kcal ■ 14 g Fett ■ 158 g KH ■ 15 % kcal aus Fett

2 Eier
75 g Zucker
1 Päck. Vanillinzucker
100 g Mehl
1 geh. TL Backpulver

1 Eier mit 1 Esslöffel kaltem Wasser, Zucker und Vanillinzucker auf höchster Stufe des elektrischen Handrührgerätes schaumig schlagen. Mehl mit Backpulver mischen und bei niedrigster Stufe untermengen.

2 Den Backofen auf 200 °C vorheizen. Einen Springformboden mit Backpapier auslegen oder eine Obstbodenform kurz mit Backspray einfetten, den Teig hineinfüllen und glatt streichen. Etwa 15 bis 20 Minuten backen.

Biskuitteig für kleine Backform (Grundrezept)

Für 1 Backform von 20 cm Ø ■ Zubereitungszeit: ca. 15 Min. ■ Backzeit: ca. 25–30 Min. ■ Kühlzeit: ca. 2 Std.
Insgesamt: 1512 kcal ■ 1 g Fett ■ 297 g KH ■ 12,5 % kcal aus Fett

3 Eier
135 g Zucker
1 Päck. Vanillinzucker
120 g Mehl
75 g Speisestärke
3 gestrichene TL Backpulver

1 Die Eier trennen. Das Eigelb mit der Hälfte des Zuckers, dem Vanillinzucker und 3 Esslöffeln kaltem Wasser auf höchster Stufe des elektrischen Handrührgerätes schaumig rühren. Den Backofen auf 180 °C vorheizen.

2 Eiweiß zu Schnee schlagen, den restlichen Zucker einrieseln lassen und ganz steif schlagen. Den Eischnee auf die Eigelbmasse geben, das Mehl mit der Speisestärke und dem Backpulver mischen und darüber sieben. Mit einem Schneebesen oder Rührlöffel vorsichtig unterziehen.

3 Einen Springformboden mit Backpapier auslegen, den Teig hineinfüllen und glatt streichen. Im vorgeheizten Backofen etwa 25 bis 30 Minuten backen. Den fertigen Biskuit herausnehmen und auf einem Kuchengitter gut auskühlen lassen, mindestens 2 Stunden, besser noch über Nacht.

LOW FETT-30-Tabelle

Lebensmittel, Menge (essbarer Anteil)	Energie (kcal)	Fett (g)	Kohlen-hydrate (g)	kcal aus Fett (%)
Müsli und Frühstückscerealien				
Dr. Oetker Vitalis Früchte Müsli, 100 g	318	4.3 g	61.4 g	12.17 %
Dr. Oetker Vitalis Müsli Plus, 100 g	310	7.2 g	50.8 g	20.90 %
Dr. Ritter Bio-Amaranth-Produkte Honig-Happen, 100 g	497	31.0 g	47.3 g	56.14 %
Dr. Ritter Bio-Amaranth-Produkte Mexico-Sweet, 100 g	400	17.0 g	54.6 g	38.25 %
granoVita 8-Früchte Müsli, 100 g	347	9.8 g	54.7 g	25.42 %
granoVita Bio-Müsli, 100 g	371	12.4 g	53.5 g	30.08 %
granoVita Bircher-Müsli, 100 g	371	12.3 g	52.7 g	29.84 %
Kelloggs Choco Corn Flakes, 100 g	383	2.5 g	84.0 g	5.87 %
Kelloggs Choco Crispies, 100 g	377	2.1 g	84.0 g	5.01 %
Kelloggs Choco Smacks, 100 g	385	5.0 g	77.0 g	11.69 %
Kelloggs Chocos, 100 g	378	2.0 g	82.0 g	4.76 %
Kelloggs Chombos, 100 g	386	3.3 g	83.0 g	7.69 %
Kelloggs Corn Flakes Mehrkorn & Früchte, 100 g	351	2.5 g	75.0 g	6.41 %
Kelloggs Corn Flakes Vollkorn, 100 g	318	2.0 g	66.0 g	5.66 %
Kelloggs Cornflakes, 100 g	368	1.0 g	82.0 g	2.45 %
Kelloggs Country Store Classis Müsli, 100 g	350	5.0 g	68.0 g	12.86 %
Kelloggs Crunchy Nut, 100 g	383	2.5 g	84.0 g	5.87 %
Kelloggs Froot Loops, 100 g	388	3.0 g	83.0 g	6.96 %
Kelloggs Frosties, 100 g	372	0.5 g	87.0 g	1.21 %
Kelloggs Honey Loops, 100 g	371	3.0 g	78.0 g	7.28 %
Kelloggs Just Right, 100 g	351	2.5 g	75.0 g	6.41 %
Kelloggs müslix Cocos, 100 g	433	17.0 g	65.0 g	35.33 %
Kelloggs müslix Haselnuß, 100 g	430	16.0 g	66.0 g	33.49 %
Kelloggs müslix Schoko, 100 g	457	18.0 g	68.0 g	35.45 %
Kelloggs müslix Weiße-Schoko, 100 g	444	16.0 g	70.0 g	32.43 %
Kelloggs Nutri-Grain 7-Früchte Müsi, 100 g	371	11.0 g	59.0 g	26.68 %
Kelloggs Nutri-Grain Knusper Müsli Classic, 100 g	470	22.0 g	61.0 g	42.13 %

Lebensmittel, Menge (essbarer Anteil)	Energie (kcal)	Fett (g)	Kohlenhydrate (g)	kcal aus Fett (%)
Kelloggs Optima Fruit'n Fibre, 100 g	353	5.0 g	69.0 g	12.75 %
Kelloggs Optima Nut Feast, 100 g	366	6.0 g	66.0 g	14.75 %
Kelloggs Pops, 100 g	384	1.4 g	88.0 g	3.28 %
Kelloggs Rice Krispies, 100 g	373	1.0 g	85.0 g	2.41 %
Kelloggs Smacks, 100 g	375	1.7 g	83.0 g	4.08 %
Kelloggs Special, 100 g	369	1.0 g	74.0 g	2.44 %
Kelloggs Squares, 100 g	420	10.0 g	79.0 g	21.43 %
Kelloggs Toppas, 100 g	340	1.5 g	72.0 g	3.97 %
Kelloggs Toppas Choco, 100 g	400	12.0 g	64.0 g	27.00 %
Kelloggs Toppas Traube, 100 g	335	1.5 g	71.0 g	4.03 %
Kelloggs Winnie Puh Honig-Bienchen, 100 g	381	2.0 g	85.0 g	4.72 %
Kölln Blütenzarte Köllnflocken Köllns Echts Kernige, 100 g	353	7.4 g	57.8 g	18.87 %
Kölln Cakes, 100 g	489	25.3 g	58.9 g	46.56 %
Kölln Feinschmecker Knusper Müsli Apfel & Zimt, 100 g	433	15.8 g	64.2 g	32.84 %
Kölln Hafer Vollkorn-Müsli Früchte Vollkorn, 100 g	349	7.0 g	61.7 g	18.05 %
Kölln Haferfleks mit Kleie, 100 g	351	6.9 g	54.0 g	17.69 %
Kölln Haferkleie Flocken, 100 g	321	8.5 g	42.2 g	23.83 %
Kölln Instant Flocken, 100 g	355	7.7 g	58.4 g	19.52 %
Kölln Knusperflakes Müsli Honig, 100 g	431	13.5 g	70.4 g	28.19 %
Kölln Knusprige Haferfleks, 100 g	386	5.5 g	73.9 g	12.82 %
Kölln Multikorn Flocken, 100 g	330	3.8 g	63.5 g	10.36 %
Kölln Schmelzflocken, 100 g	354	6.9 g	61.0 g	17.54 %
Kölln Zauberfleks Honig, 100 g	390	4.5 g	81.6 g	10.38 %
Müsli Vierkorn, 100 g	400	10.0 g	71.0 g	22.50 %
Nestle Äpple-Minis, 100 g	372	2.4 g	83.2 g	5.81 %
Nestle Banane-Nuss-Clusters, 100 g	395	9.0 g	70.6 g	20.51 %
Nestle Chocapic, 100 g	391	4.3 g	80.4 g	9.90 %
Nestle Cini-Minis, 100 g	410	9.8 g	75.9 g	21.51 %
Nestle Fitness, 100 g	358	1.3 g	79.2 g	3.27 %
Nestle Fitness & Fruits, 100 g	350	2.2 g	76.6 g	5.66 %
Nestle Mandel-Nuss-Clusters, 100 g	387	8.5 g	67.3 g	19.77 %
Nestle Nesquik Knusper-Frühstück, 100 g	394	4.4 g	83.6 g	10.05 %
Nestle Trio, 100 g	389	2.5 g	85.7 g	5.78 %

Lebensmittel, Menge (essbarer Anteil)	Energie (kcal)	Fett (g)	Kohlen-hydrate (g)	kcal aus Fett (%)
Reformhaus Cornflakes, 100 g	353	0.6 g	79.7 g	1.53 %
Reformhaus Müsli mit Früchten und Nüssen, 100 g	350	7.6 g	60.5 g	19.54 %
Reformhaus Schokomüsli, 100 g	410	10.5 g	68.5 g	23.05 %
Reformhaus Weizenflakes, 100 g	383	7.0 g	71.0 g	16.45 %
Schneekoppe 10 Früchte-10 Vitamine-Müesli, 100 g	330	4.0 g	64.0 g	10.91 %
Schneekoppe 10 Vitamine & Schoko-Müesli, 100 g	380	11.0 g	59.0 g	26.05 %
Schneekoppe Knusperhafter-Müesli Probiotisch, 100 g	380	8.0 g	66.0 g	18.95 %
Schneekoppe Tigerenten-Müesli, 100 g	365	2.0 g	77.0 g	4.93 %
Wasa Müsli, 100 g	355	5.0 g	64.9 g	12.68 %
Wurzener Crisp and Cross Cornflakes, 100 g	370	1.2 g	82.0 g	2.92 %
Wurzener Schoko Monkeys, 100 g	366	2.0 g	76.0 g	4.92 %
Wurzener Sports and Fun Joghurt, 100 g	343	2.2 g	73.4 g	5.77 %
Wurzener Sports and Fun Schoko, 100 g	485	17.8 g	67.0 g	33.03 %
Milch und Milchprodukte				
Bauer Kinderjoghurt, 100 g	101	2.5 g	15.0 g	22.28 %
Bauer Tigerentenpudding Schokolade, 100 g	152	8.8 g	15.3 g	52.11 %
Bauer Tigerentenpudding Vanille, 100 g	150	8.4 g	15.9 g	50.40 %
Buttermilch, 100 g	39	0.5 g	4.8 g	11.54 %
Danone Danino, 100 g	145	6.2 g	17.0 g	38.48 %
Danone Fruchtzwerge, 100 g	121	3.5 g	15.8 g	26.03 %
Danone Fruchtzwerge Drink, 100 g	90	1.7 g	15.5 g	17.00 %
Danone Fruchtzwerge leicht süß, 100 g	111	3.5 g	13.5 g	28.38 %
Danone Fruchtzwerge Schulpause, 100 g	121	3.5 g	15.8 g	26.03 %
Danone Fruchtzwerge Vanilla Frucht, 100 g	121	3.5 g	15.8 g	26.03 %
Danone Joghurt Drink Apfel-Limone, 0,1%, 100 g	38	0.1 g	5.8 g	2.37 %
Danone Joghurt Drink Erdbeer-Cassis, 0,1%, 100 g	38	0.1 g	5.8 g	2.37 %
Danone Joghurt für Kinder, 100 g	105	3.0 g	15.5 g	25.71 %
Danone Meine ersten Fruchtzwerge, 100 g	133	4.7 g	16.3 g	31.80 %
Dickmilch, entrahmt, 100 g	32	0.1 g	4.2 g	2.81 %
Dickmilch, Trinkmilch, 3,5%, 100 g	61	3.5 g	4.0 g	51.64 %
Ehrmann Almighurt Käsekuchen, 100 g	111	3.0 g	18.0 g	24.32 %
Ehrmann Alpenmädel, 100 g	90	1.2 g	16.5 g	12.00 %

Lebensmittel, Menge (essbarer Anteil)	Energie (kcal)	Fett (g)	Kohlen-hydrate (g)	kcal aus Fett (%)
Ehrmann CremePudding Vanille-Geschmack, 100 g	100	2.1 g	18.0 g	18.90 %
Ehrmann Grieß-Traum, 100 g	131	4.3 g	20.0 g	29.54 %
Ehrmann Knister Spaß, 100 g	125	3.3 g	21.0 g	23.76 %
Ehrmann Yoginos, 100 g	91	0.1 g	19.1 g	0.99 %
Hansa Milch Frech for Fun Buttermilch Dessert, 100 g	108	3.2 g	15.9 g	26.67 %
Hansa Milch H-Kakao, 100 g	58	0.5 g	11.0 g	7.76 %
H-Milch, 1,5%, 100 g	47	1.5 g	4.9 g	28.72 %
H-Milch, 3,5%, 100 g	68	3.6 g	4.7 g	47.65 %
H-Milch, entrahmt, 100 g	36	0.1 g	5.0 g	2.50 %
Joghurt aus Magermilch, 100 g	39	0.1 g	4.9 g	2.31 %
Joghurt mit Früchten, gezuckert, 100 g	103	2.5 g	15.5 g	21.84 %
Joghurt, 1,5%, 100 g	53	1.5 g	5.6 g	25.47 %
Joghurt, 3,5%, 100 g	73	3.6 g	5.4 g	44.38 %
Kakaotrunk aus Magermilch, 100 g	52	0.3 g	8.9 g	5.19 %
Kefir, 1,5%, 100 g	48	1.6 g	3.2 g	30.00 %
Kokosnussmilch, 100 ml	10	0.5 g	1.5 g	45.00 %
Molke, süß, 100 g	26	0.2 g	5.0 g	6.92 %
Müller Froop Erdbeer, 100 g	111	3.0 g	16.5 g	24.32 %
Müller Froop Himbeer, 100 g	111	3.0 g	16.3 g	24.32 %
Müller Froop Pfirsisch-Maracuja, 100 g	114	3.0 g	17.1 g	23.68 %
Müller Knusper Joghurt Crispy Crunch, 100 g	158	4.9 g	22.8 g	27.91 %
Nestle Yoco Frucht-Insel Erdbeer, 100 g	150	8.0 g	12.0 g	48.00 %
Nestle Yoco Frucht-Insel Himbeer, 100 g	150	8.0 g	12.0 g	48.00 %
Nestle Yoco Joghurt-Drink Erdbeer, 100 g	132	2.0 g	13.5 g	13.64 %
Nestle Yoco Joghurt-Drink Vanille, 100 g	132	2.0 g	13.5 g	13.64 %
Nestle Yoco Tornado Apfel-Banane, 100 g	116	1.3 g	22.5 g	10.09 %
Nestle Yoco Tornado Apfel-Erdbeer, 100 g	111	1.3 g	21.3 g	10.54 %
Nestle Yoco-Snack, 100 g	407	20.0 g	49.0 g	44.23 %
Puddis Griespudding mit Schokosoße, 100 g	101	2.3 g	17.0 g	20.50 %
Puddis Gugelhupf Schoko m. Vanillesoße, 100 g	99	2.2 g	17.0 g	20.00 %
Puddis Gugelhupf Toffee m. Sahnesoße, 100 g	118	2.8 g	21.0 g	21.36 %
Puddis Gugelhupf Vanille m. Schoko, 100 g	118	3.6 g	19.0 g	27.46 %
Ravensberger Apfelkompott mit Vanillesoße, 100 g	81	0.8 g	17.6 g	8.89 %

Lebensmittel, Menge (essbarer Anteil)	Energie (kcal)	Fett (g)	Kohlen-hydrate (g)	kcal aus Fett (%)
Ravensberger Käpt'n Kuck Joghurt Banane 3,5%, 100 g	99	2.9 g	14.8 g	26.36 %
Ravensberger Käpt'n Kuck Joghurt Erdbeere 3,5%, 100 g	99	2.9 g	14.8 g	26.36 %
Ravensberger Käpt'n Kuck Joghurt Himbeere 3,5%, 100 g	99	2.9 g	14.8 g	26.36 %
Ravensberger Milchreis Apfel, 100 g	103	1.6 g	19.8 g	13.98 %
Ravensberger Schokokids Kinderpudding, 100 g	197	13.5 g	15.5 g	61.68 %
Rohmilch, Vorzugsmilch, 100 g	69	3.6 g	4.8 g	46.96 %
Trinkmilch, 1,5%, 100 g	49	1.6 g	4.8 g	29.39 %
Trinkmilch, 3,5%, 100 g	67	3.4 g	4.8 g	45.67 %
Trinkmilch, entrahmt, 100 g	35	0.1 g	4.9 g	2.57 %
Ziegenmilch, 100 g	70	3.7 g	4.3 g	47.57 %
Zott Jogolé Fuchtjoghurt, 100 g	79	0.1 g	15.6 g	1.14 %
Gebäck und Kekse				
Bahlsen ABC, 100 g	399	1.0 g	90.0 g	2.26 %
Bahlsen Bunte Lebkuchen Mischung, 100 g	390	7.0 g	77.0 g	16.15 %
Bahlsen Lebkuchen Herzen und Sterne, 100 g	401	10.0 g	72.0 g	22.44 %
Bahlsen Lebkuchenmänner, 100 g	406	8.0 g	77.0 g	17.73 %
Bahlsen Leckerbissen, 100 g	420	14.0 g	68.0 g	30.00 %
Bahlsen Leibniz Butterkeks, 100 g	446	11.0 g	78.0 g	22.20 %
Bahlsen Leibniz Landkeks, 100 g	435	14.0 g	72.0 g	28.97 %
Bahlsen Leibniz Minis Butterkeks, 100 g	467	15.0 g	70.0 g	28.91 %
Bahlsen Leibniz Zoo, 100 g	444	11.0 g	78.0 g	22.30 %
Brandt Brödli mit Vollkorn ,100 g	392	7.5 g	68.0 g	17.22 %
Brandt Diät-Markenzwieback, 100 g	415	7.0 g	77.0 g	15.18 %
Brandt Frühstücks-Zwieback, 100 g	373	5.0 g	70.0 g	12.06 %
Brandt Kokos-Zwieback, 100 g	420	12.0 g	71.0 g	25.71 %
Brandt Markenzwieback ,100 g	394	6.0 g	74.0 g	13.71 %
Brandt Mini-Kokos-Zwieback, 100 g	419	11.0 g	73.0 g	23.63 %
Brandt Mini-Markenzwieback, 100 g	394	6.0 g	74.0 g	13.71 %
Brandt Teatime-Zwieback, 100 g	388	4.0 g	81.0 g	9.28 %
Brandt Vollkorn-Zwieback, 100 g	362	6.0 g	64.0 g	14.92 %
De Beukelaer Liga Kindernahrung, 100 g	400	8.0 g	75.0 g	18.00 %
De Beukelaer PiMs Orange, 100 g	385	12.0 g	66.0 g	28.05 %

Lebensmittel, Menge (essbarer Anteil)	Energie (kcal)	Fett (g)	Kohlen-hydrate (g)	kcal aus Fett (%)
DeBeukelaer Milch Butterkeks, 100 g	427	11.0 g	74.0 g	23.19 %
DeBeukelaer Milch Butterkeks Vollkorn, 100 g	428	12.0 g	71.0 g	25.23 %
Griesson 1+2=3 Russisch Brot, 100 g	389	1.0 g	88.0 g	2.31 %
Griesson Leicht & Cross Knuspercrispies, 100 g	385	9.0 g	71.0 g	21.04 %
Griesson Runde Lebkuchen, 100 g	408	12.0 g	67.0 g	26.47 %
Griesson Soft Cake Himbeer, 100 g	387	9.0 g	72.0 g	20.93 %
Griesson Trockengebäck Butter Blumen, 100 g	459	15.0 g	73.0 g	29.41 %
Löffelbiskuit, 100 g	400	0.0 g	80.0 g	0.00 %
Nestle Yes Cacao, 100 g	465	27.0 g	51.0 g	52.26 %
Neukircher Wild Berries Himbeere, Geb. mit Früchten, 100 g	393	7.4 g	71.9 g	16.95 %
Prinzen Choco Prinz, 100 g	498	22.0 g	69.0 g	39.76 %
Prinzen Rolle Kakao groß, 100 g	476	20.0 g	68.0 g	37.82 %
Reiswaffeln mit Schoko, Reformhaus, 100 g	496	23.0 g	65.6 g	41.73 %
Süßer Wolf Topkuß Choco, 100 g	476	15.7 g	80.5 g	29.68 %
Süßer Wolf Topkuß Mini 3er Mix, 100 g	496	14.7 g	80.6 g	26.67 %
Knabbereien und Knabberartikel				
Bahlsen Nic Nac's, 100 g	602	50.0 g	13.0 g	74.75 %
Chio Chips Curry Ketchup, 100 g	553	35.0 g	51.5 g	56.96 %
Chio Erdnuss-Flips, 100 g	489	23.7 g	55.6 g	43.62 %
Fuego Barbecue Chips, 100 g	500	25.0 g	63.0 g	45.00 %
Fuego Tortilla Chips, 100 g	498	22.0 g	67.0 g	39.76 %
Funny-Frisch Chipsfrisch Oriental, 100 g	560	35.0 g	53.0 g	56.25 %
Funny-Frisch Chipsfrisch ungarisch, 100 g	551	35.0 g	53.5 g	57.17 %
Funny-Frisch Riffel´s Naturell, 100 g	542	34.0 g	54.0 g	56.46 %
Gutena Knobi Filinchen Der Waffelsnack, 100 g	406	9.6 g	68.1 g	21.28 %
Gutena Kräuter Filinchen Der Waffelsnack, 100 g	395	7.6 g	68.1 g	17.32 %
Gutena Zwiebel Filinchen Der Waffelsnack, 100 g	405	9.7 g	67.4 g	21.56 %
Kattus Popcorn-Mais, 100 g	333	3.8 g	64.6 g	10.27 %
Leicht&Cross Knusperscheiben, 100 g	413	9.0 g	73.0 g	19.61 %
Lorenz Baff Popcorn, 100 g	420	8.0 g	84.0 g	17.14 %
Lorenz Chipsletten, 100 g	509	29.0 g	58.0 g	51.28 %
Lorenz Erdnüsse geröstet und gesalzen, 100 g	622	52.7 g	12.0 g	76.25 %

Lebensmittel, Menge (essbarer Anteil)	Energie (kcal)	Fett (g)	Kohlen-hydrate (g)	kcal aus Fett (%)
Lorenz Käse-Finessen, 100 g	550	34.0 g	46.0 g	55.64 %
Lorenz Pommels Kartoffelsnack, 100 g	506	29.0 g	58.0 g	51.58 %
Lorenz Studentenfutter Master Mix, 100 g	556	40.0 g	32.0 g	64.75 %
Lorenz Tacitos Tortilla Chips, 100 g	514	26.0 g	63.0 g	45.53 %
Neukircher Brot-Cracker Schinken, 100 g	393	5.4 g	76.5 g	12.37 %
Neukircher Röst Biskuit, 100 g	394	5.5 g	74.6 g	12.56 %
SCHIPPS Paprika, 100 g	438	14.0 g	73.0 g	28.77 %
SCHIPPS salted, 100 g	438	14.0 g	73.0 g	28.77 %
Seeberger Reis-Gebäck Japan-Mix Kenkoo, 100 g	374	2.6 g	78.2 g	6.26 %
Seeberger Reis-Gebäck Japan-Mix Matsuri, 100 g	382	0.4 g	84.6 g	0.94 %
Wolf Bergstrasse Kidletti, 100 g	356	6.6 g	63.3 g	16.69 %
Wolf Bergstrasse Maxi Brezli, 100 g	374	6.9 g	66.3 g	16.60 %
Wolf Bergstrasse Stickletti, 100 g	356	4.3 g	67.7 g	10.87 %
Süßes und Bonbons				
3 Musketeers Schokoriegel, 100 g	430	13.3 g	76.2 g	27.84 %
Colossinis, 100 g	396	7.0 g	99.0 g	15.91 %
Dulcia Cocoballs, 100 g	404	11.1 g	71.6 g	24.73 %
Haribo A-Z, 100 g	340	0.0 g	78.0 g	0.00 %
Haribo Cola-Kracher, 100 g	382	4.2 g	84.0 g	9.90 %
Haribo Color-Rado, 100 g	342	2.1 g	76.0 g	5.53 %
Haribo Erdbeeren, 100 g	370	0.0 g	88.0 g	0.00 %
Haribo Fröschli, 100 g	340	0.0 g	76.0 g	0.00 %
Haribo Goldbären, 100 g	340	0.0 g	78.0 g	0.00 %
Haribo Happy-Cola, 100 g	340	0.0 g	78.0 g	0.00 %
Haribo Konfekt, 100 g	354	3.4 g	75.0 g	8.64 %
Haribo Konfektstangen, 100 g	360	0.9 g	81.0 g	2.25 %
Haribo Maoam Softstangen, 100 g	392	6.3 g	82.0 g	14.46 %
Haribo Sali, 100 g	320	0.0 g	79.0 g	0.00 %
Haribo Sali-Kritz, 100 g	355	0.0 g	88.0 g	0.00 %
Haribo Saure Bohnen, 100 g	340	0.0 g	79.0 g	0.00 %
Haribo Schlümpfe, 100 g	340	0.0 g	78.0 g	0.00 %
Haribo Tropi Frutti, 100 g	350	0.0 g	75.0 g	0.00 %

Lebensmittel, Menge (essbarer Anteil)	Energie (kcal)	Fett (g)	Kohlen-hydrate (g)	kcal aus Fett (%)
Haribo Weichbären, 100 g	340	0.0 g	78.0 g	0.00 %
Hypergums-Gummibärchen, 100 g	328	0.1 g	74.0 g	0.27 %
Katjes Almdudler, 100 g	329	0.0 g	75.0 g	0.00 %
Katjes Energy Gums, 100 g	328	0.0 g	74.0 g	0.00 %
Katjes Fresh Watermelon, 100 g	329	0.0 g	75.0 g	0.00 %
Katjes Frucht-Kaugis, 100 g	329	0.0 g	76.0 g	0.00 %
Katjes Grüntee-Lakritz, 100 g	329	0.0 g	81.0 g	0.00 %
Katjes Jogger-Gums, 100 g	333	0.0 g	77.0 g	0.00 %
Katjes Katjes-Kinder, 100 g	343	0.0 g	84.0 g	0.00 %
Katjes Katzen-Ohren, 100 g	351	0.0 g	86.0 g	0.00 %
Katjes Katzen-Pfötchen, 100 g	342	0.0 g	84.0 g	0.00 %
Katjes Lakritz Bontjes, 100 g	378	0.0 g	94.0 g	0.00 %
Katjes Saure Bontjes, 100 g	378	0.0 g	94.0 g	0.00 %
Katjes Saure Heringe, 100 g	327	0.0 g	76.0 g	0.00 %
Katjes Saure Johannisbeeren, 100 g	326	0.1 g	75.0 g	0.28 %
Katjes Super Bär, 100 g	328	0.0 g	74.0 g	0.00 %
Katjes Tappsy, 100 g	337	0.0 g	79.0 g	0.00 %
Katjes Tropen-Früchte, 100 g	337	0.0 g	79.0 g	0.00 %
Katjes Windjammer, 100 g	323	0.0 g	74.0 g	0.00 %
Katjes Yoghurt Bontjes, 100 g	375	0.0 g	93.0 g	0.00 %
Katjes Yoghurt-Gums, 100 g	321	0.0 g	78.0 g	0.00 %
M&M's Choco, 100 g	479	21.0 g	67.5 g	39.46 %
M&M's Minis, 100 g	489	23.3 g	64.0 g	42.88 %
M&M's Peanut, 100 g	506	26.5 g	57.3 g	47.13 %
Masterfoods Mars, 100 g	477	18.5 g	73.6 g	34.91 %
Masterfoods Milky Way, 100 g	451	16.7 g	71.6 g	33.33 %
Masterfoods Snickers, 100 g	497	27.2 g	53.8 g	49.26 %
Masterfoods Twix, 100 g	493	24.2 g	64.0 g	44.18 %
Nappo Riesen mit Haselnüssen und Puffreis, 100 g	410	8.6 g	80.8 g	18.88 %
Nestle After Eight, 100 g	423	13.0 g	74.0 g	27.66 %
Nestle Choco Crossies, 100 g	525	30.0 g	57.0 g	51.43 %
Nestle Die Weisse, 100 g	540	31.0 g	56.0 g	51.67 %
Nestle Die Weisse Crisp, 100 g	527	28.0 g	62.0 g	47.82 %

Lebensmittel, Menge (essbarer Anteil)	Energie (kcal)	Fett (g)	Kohlen-hydrate (g)	kcal aus Fett (%)
Nestle KitKat, 100 g	508	26.0 g	61.0 g	46.06 %
Nestle Lion, 100 g	489	22.0 g	66.0 g	40.49 %
Nestle Nuts, 100 g	502	26.0 g	63.0 g	46.61 %
Nestle Rolo, 100 g	478	21.0 g	69.0 g	39.54 %
Piasten Schokolinsen, 100 g	442	14.0 g	76.0 g	28.51 %
PowerBar Harvest, 100 g	369	6.2 g	67.7 g	15.12 %
Ritter Sport Ganze Mandel, 100 g	553	35.0 g	52.0 g	56.96 %
Ritter Sport Haselnuss, 100 g	576	32.0 g	52.0 g	50.00 %
Ritter Sport Joghurt, 100 g	541	34.0 g	51.0 g	56.56 %
Ritter Sport Knusper Flakes, 100 g	568	38.0 g	50.0 g	60.21 %
Ritter Sport Knusperkeks, 100 g	547	37.0 g	48.0 g	60.88 %
Ritter Sport Marzipan, 100 g	544	33.0 g	54.0 g	54.60 %
Ritter Sport Pfefferminz, 100 g	517	29.0 g	57.0 g	50.48 %
Ritter Sport Trauben-Nuss, 100 g	498	27.0 g	54.0 g	48.80 %
Ritter Sport Vollmilch, 100 g	495	28.0 g	54.0 g	50.91 %
Ritter Sport Voll-Nuss, 100 g	526	30.0 g	57.0 g	51.33 %
Ritter Sport Weisse Voll-Nuss, 100 g	552	38.0 g	46.0 g	61.96 %
Ritter Sport XXL Golden Peanuts, 100 g	572	37.0 g	53.0 g	58.22 %
Ritter Sport XXL Sunny Crisp, 100 g	516	31.0 g	51.0 g	54.07 %
Samba Schaumküsse, 100 g	366	9.0 g	68.0 g	22.13 %
Storck California Früchte, 100 g	372	0.0 g	92.3 g	0.00 %
Storck Campino Erdbeeren & Sahne, 100 g	424	8.5 g	86.1 g	18.04 %
Storck Campino Orangen & Sahne, 100 g	422	8.5 g	85.8 g	18.13 %
Storck Cola Lemon, 100 g	364	0.0 g	90.0 g	0.00 %
Storck Durchbeißer Karamell, 100 g	420	12.3 g	78.4 g	26.36 %
Storck Ice fresh, 100 g	386	0.0 g	95.3 g	0.00 %
Storck Karamell-Riesen, 100 g	406	10.4 g	77.5 g	23.05 %
Storck Kaufrüchtchen, 100 g	388	5.6 g	84.7 g	12.99 %
Storck Knoppers, 100 g	528	32.0 g	52.0 g	54.55 %
Storck Mamba, 100 g	389	5.4 g	85.0 g	12.49 %
Storck Merci Vielfalt, 100 g	550	38.0 g	48.0 g	62.18 %
Storck Mini Dickmann's dunkel, 100 g	455	20.0 g	65.0 g	39.56 %
Storck Mint Chocs, 100 g	415	6.3 g	87.4 g	13.66 %

Lebensmittel, Menge (essbarer Anteil)	Energie (kcal)	Fett (g)	Kohlen-hydrate (g)	kcal aus Fett (%)
Storck Nimm 2, 100 g	370	0.0 g	91.9 g	0.00 %
Storck Nimm 2 Lachgummi, 100 g	327	0.2 g	73.5 g	0.55 %
Storck Vollmilch Brocken, 100 g	415	8.0 g	82.0 g	17.35 %
Storck Werthers Original, 100 g	430	8.9 g	85.7 g	18.63 %
Fast Food				
BarbecueSauce, 25 ml	48	1.0 g	11.0 g	18.75 %
Currysauce, 1 Stück	46	1.0 g	10.0 g	19.57 %
Eis in der Waffeltüte, 1 Stück	153	3.0 g	25.0 g	17.65 %
Eis mit Erdbeersauce, 1 Stück	225	4.0 g	42.0 g	16.00 %
Eis mit Karamelsauce, 1 Stück	281	6.0 g	51.0 g	19.22 %
Eis mit Schokosauce, 1 Stück	279	8.0 g	46.0 g	25.81 %
Fischmäc, 1 Stück	382	20.0 g	37.0 g	47.12 %
Gemüsemäc, 1 Stück	486	25.0 g	56.0 g	46.30 %
Hamburger, 1 Stück	254	9.0 g	31.0 g	31.89 %
Hamburger Royal TS, 1 Stück	561	34.0 g	35.0 g	54.55 %
Kirschtasche, 1 Stück	241	13.0 g	29.0 g	48.55 %
McChicken, 1 Stück	459	23.0 g	43.0 g	45.10 %
McFlurry Cappuccino, 1 Stück	324	10.0 g	50.0 g	27.78 %
McFlurry Nuts, 1 Stück	323	14.0 g	42.0 g	39.01 %
McFlurry Smarties, 1 Stück	351	11.0 g	55.0 g	28.21 %
McRib, 1 Stück	476	21.0 g	44.0 g	39.71 %
Mexicana Salat ohne Sauce, 1 Stück	176	2.0 g	29.0 g	10.23 %
Milchshakes mit Erdbeergeschmack, 1 Stück	290	8.0 g	46.0 g	24.83 %
Milchshakes mit Schokogeschmack, 1 Stück	304	8.0 g	48.0 g	23.68 %
Milchshakes mit Vanillegeschmack, 1 Stück	293	8.0 g	47.0 g	24.57 %
Pommes frites mittlere Portion, 1 Stück	321	17.0 g	40.0 g	47.66 %
Süßsaure Sauce, 1 Stück	51	1.0 g	12.0 g	17.65 %
Fruchtsaftgetränke				
Paradise Fresh Multi, 100 ml	63	0.0 g	11.5 g	0.00%
Paradise Fresh Grapefruit, 100 ml	37	0.05 g	7.1 g	1.22%
Paradise Fresh Orange, 100 ml	45	0.05 g	9.6 g	1.00%

Register

Danksagung

Wir bedanken uns herzlich bei den kleinen und großen Models dieses Buches, dass sie sich so für die Fotos ins Zeug geschmissen haben und trotz gelegentlicher Bedenken alles probiert und gekostet haben. Es sah so aus, als ob es Euch geschmeckt hat... und wir hoffen, dass wir Eure Erwartungen an eine Riesen-Kinder-Party erfüllt haben. Ein herzliches Dankeschön natürlich auch an unsere Freunde, die es uns gestattet haben, ihre Kinder für dieses Buch zu fotografieren... und die teilweise sogar selbst mitgemacht haben.

Unser Dank gilt besonders Thomas und Christiane Beuke mit ihren Kindern Antonia und Jonas, in deren Haus und Garten alle Fotos geschossen wurden. Wir sind froh, dass Ihr uns angesichts des Durcheinanders nicht die Freundschaft gekündigt habt!

»Danke« im Einzelnen an Stefan Groß mit Annika und Mika, an Sabine – besonders für den Kaffee!!! – und Michael Marder mit Nico, an Heike und Dieter Püllen mit Jonas und Gabriel, an Nicholas und Leo Schierz, an Christiane und Burkhard Schrammen mit Geraldine und Robert und an Barbara – wenn Du uns nicht manchmal aufgemuntert hättest ... wer weiß! – und Christoph Uphus mit Matilda, Luis und Elsa.

Für die professionelle Unterstützung bei der Zubereitung der Cocktails und die großzügige Belieferung mit zerstoßenem Eis und Eiswürfeln bedanken wir uns bei Thomas Stock von der Firma Ice & Style – irgendwann testen wir alle mal Deine Erwachsenen-Versionen, Thomas!!!

Ganz herzlichen Dank an unseren »Haus- und Hof-Fotografen« Detlef Ilgner, der sich bei diesen Fotos mal wieder selbst übertroffen hat. Lieber Detlef, wenn Du Deine Nervenstärke in Dosen packen könntest, Du würdest Millionär!

Und dann natürlich ein herzliches Dankeschön an unsere beiden rechten Hände, Elena Raken und Dagmar Schmohl, ohne die wir aufgeschmissen gewesen wären.

Last but not least ... ein herzliches Dankeschön an unsere Industriepartner Brandt Zwieback-Schokoladen GmbH & Co. KG sowie FSP Frischsaft Produktionsgesellschaft mbH für ihre umfassende Unterstützung.

Impressum

Bibliografische Information Die Deutsche Bibliothek
Die Deutsche Bibliothek verzeichnet diese Publikation in der Deutschen Nationalbibliografie; detaillierte bibliografische Daten sind im Internet über http://dnb.ddb.de abrufbar.

Wichtiger Hinweis
Die im Buch veröffentlichten Ratschläge wurden mit größter Sorgfalt von Verfassern und Verlag erarbeitet und geprüft. Eine Garantie kann jedoch nicht übernommen werden. Ebenso ist eine Haftung der Verfasser bzw. des Verlages und seiner Beauftragten für Personen-, Sach- oder Vermögensschäden ausgeschlossen.

Projektleitung: Kathrin Gritschneder
Redaktion: Damla Özbay, Dagmar Schmohl
Fotos: Detlef Ilgner
Rezeptfotos: Foodcentrale, Hamburg
Umschlaggestaltung: Daniela Meyer
Herstellung: Dagmar Guhl
Satz: Uhl+Massopust, Aalen
Reproduktion: Premedia, A-Wels
Druck und Bindung: Druckerei Uhl, Radolfzell
Printed in Germany

ISBN 3-426-66873-4
Gedruckt auf elementar chlorfrei gebleichtem Papier

Bitte besuchen Sie uns im Internet:

www.knaur.de

Weitere kulinarische Titel finden Sie im Internet unter www.genussvoll-leben.de.

G30! FETT
max. 30% der Gesamtkalorien aus Fett